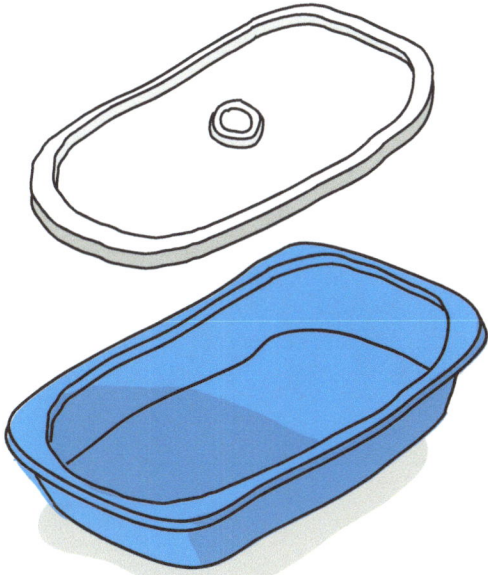

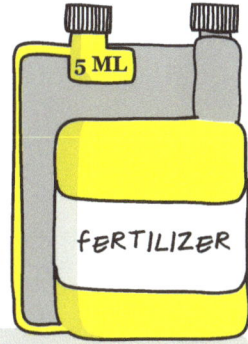

FERTILIZER

5 ML

TOP
seeds

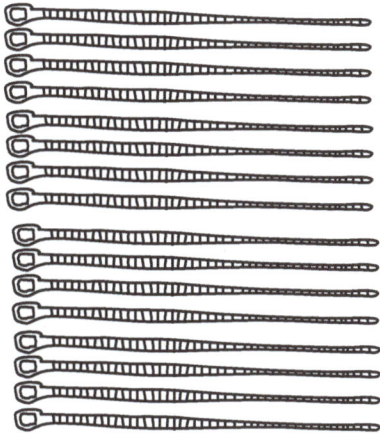

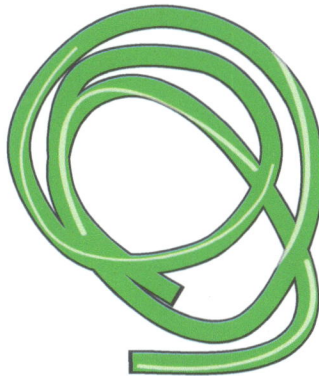

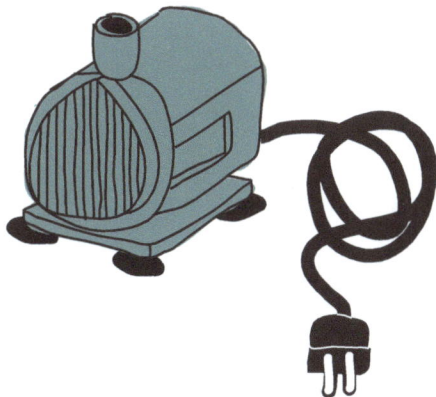

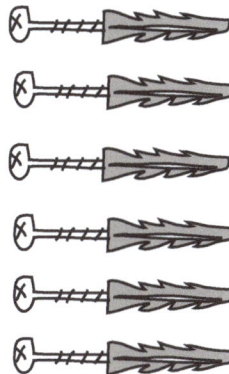

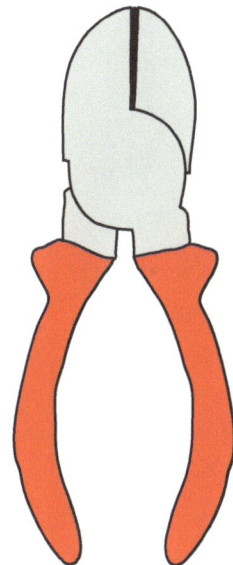

ЭЛИОOO

Как из предметов ИКЕА® соорудить устройство для выращивания продуктов питания у себя дома.

Антонио Скарпони

3ʳᵈO books

Опубликовано ThirdO Books

3rdO

Герметшлострассе, 70, #2.16 Цюрих, Швейцария, 8048.
www.3rdo.com

ISBN 978-3-9524132-7-2

Эта книга была создана при поддержке ИКЕА Швейцария, а также многих, многих людей, принявших участие в краудфандинг-кампании @indiegogo.

Антонио Скарпони (@scarponio) – архитектор и
дизайнер. Основатель **[onceptual)evices**, проектно-
конструкторского бюро дизайна и архитектуры.
Скарпони изучал архитектуру в Cooper Union в
Нью-Йорке и получил докторскую степень по
градостроительному проектированию в университете
IUAV в Венеции.
В 2008 году Скарпони стал одним из пяти лауреатов
премии Curry Stone Design Prize, и в 2012 был
номинирован на награду Katerva Sustainability Award.

www.conceptualdevices.com

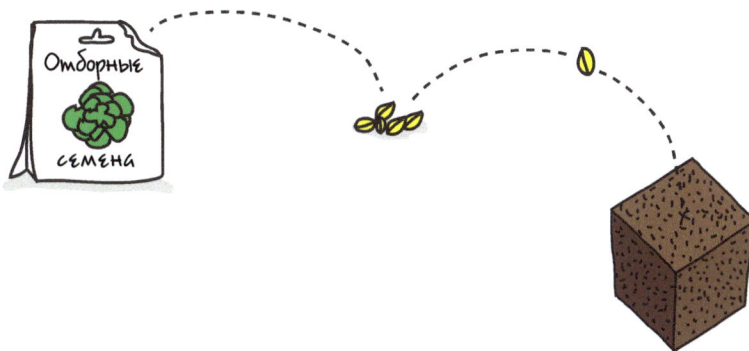

СОДЕРЖАНИЕ

ПРЕДИСЛОВИЕ
К РУССКОМУ ИЗДАНИЮ
или из Венеции с любовью

Вот уж точно, пути Господни неисповедимы. Мог ли я подумать, что поиск жилья в Венеции может привести меня к переводу на русский язык книги о гидропонике? Арендованный мною крохотный чердак палаццо сразу же выдал сущность его хозяина: только талантливый дизайнер мог умудриться на двадцати квадратных метрах так разместить все необходимое для комфортной жизни, что оставалось еще и место для приема гостей, танцев и творчества с видом на венецианское небо. Я отметил, что не только проектировка пространства, но и мебели была выполнена самим хозяином. Так произошло мое заочное знакомство с Антонио Скарпони, автором этой книги.

Как бы странно это ни казалось на первый взгляд, но для знакомства с принципами устойчивого развития не может быть места удачнее Венеции, самого красивого и трагичного города из тех, где мне удалось побывать. К 2017-му году на его неизменных с эпохи Возрождения улицах (и все чаще в его незабвенных каналах) скопилось столько ширпотреба до и после потребления, что охотно соглашаешься с мыслями Антонио, изложенными в этой книге: «Вместо того, чтобы бездумно производить все новые и новые вещи [...] было бы правильнее найти новые способы использования того, что уже у нас есть». Что же касается гидропоники, то не только венецианцам (которым сам Бог велел выращивать продукты из воды), но и вообще всем горожанам пришло время задуматься о внедрении инновационных, экологичных, доступных способов выращивания продуктов питания своими силами. Чтобы и все сыты были, и под воду не ушли.

Артем Мозговой

ПРЕДИСЛОВИЕ

Следуя инструкциям, изложенным в этой книге, вы реализуете идею.

Эта книга — инструкция по эксплуатации вещи, которая будет существовать лишь тогда, когда вы сами ее произведете. Здесь вы найдете все нужные указания. Я создал это устройство для того, чтобы вы смогли выращивать собственные продукты питания при помощи нескольких недорогих контейнеров из ИКЕИ, простейших садоводческих средств и инструкций, изложенных в этой книге.

Эта система работает по принципам гидропоники, техники выращивания растений не в почве, а в воде. Преимущества гидропоники просты: этот способ позволяет сэкономить до 90 процентов той воды, которая расходуется в традиционной агрикультуре; гидропоническая система занимает намного меньше места; наконец, можно забыть о поливе растений.

Система, которую я изобрел, объединяет разные технические приемы, адаптированные к простому использованию у себя дома, и превращает каждого в фермера — можно сказать, в городского фермера. Однако, эта книга вовсе не о городском фермерстве и даже не о гидропонике. Эта книга — самоучитель, рассказывающий о том, как соорудить и использовать простую гидропоническую систему с помощью недорогих контейнеров из ИКЕИ. Я назвал эту систему ЭЛИООО.

Я убежден, что конечная цель дизайна — знание. Как дизайнер, я визуализирую числа и размеры, организую совещания, объясняю задачи и пути их решения. Зачастую это все больше походит на рассказывание историй, чем на технический процесс. Такие истории обычно передаются в руки ремесленникам для того, чтобы те создали из них нечто вещественное. Однако как дизайнеру мне хочется разрабатывать нечто такое, что каждый мог бы произвести самостоятельно. Сегодня именно дизайн имеет возможность преобразить население мира в самую большую креативную индустрию, когда-либо существовавшую — в единую народную фабрику. Вместо того, чтобы бездумно производить все новые и новые вещи, распространять их, затем снова производить и снова распространять, я думаю, было бы правильнее найти новые способы использования того, что уже у нас есть.

Именно по этой причине я решил разработать ЭЛИООО из тех материалов, которые были уже созданы компанией ИКЕА. Каждому известно, где находится ближайший магазин ИКЕА и сколько стоят их товары.

Однако у дизайна есть ещё и другая цель — это вдохновение. Система ЭЛИООО была создана из расчёта, что вы сможете переигрывать варианты установок, предложенных в этой книге, и моделировать свою собственную систему с использованием предметов ИКЕА или без них.

Повозитесь с конфигурациями, обдумайте систему, поиграйте с настройками, соорудите что-то новое. Будьте изобретательны. Выращивайте свои продукты.

Получайте удовольствие!

A C

ПРОЦЕСС, КОТОРЫЙ Я НАЗЫВАЮ ИССЛЕДОВАНИЕМ

или как зародился этот проект

У этой книги довольно большая предыстория. Она стала результатом процесса, который я называю исследованием. В моей голове роется множество подобных проектов. В прошлом я уже использовал предметы ИКЕА в моей работе. Впервые это случилось в Турине в 2008 году, когда я принял участие в конкурсе на тему геодизайн, организованном ABITARE (@ abitare), итальянским журналом о дизайне, в то время находившемся под управлением архитектора Стефано Боери (@StefanoBoeri). Задачей конкурса было объединить местные сообщества людей, а также дизайнеров и организации, для производства такого прототипа, который удовлетворял бы конкретные нужды конкретных сообществ. Марко Лампуньяни (@mlampu) и я подали заявку на участие в этом конкурсе. В качестве проекта мы выбрали реорганизацию блошиного рынка. Наше предложение было принято, и мы взялись за устройство мастерских при волонтерском участии местного сообщества, ответственного за организацию одного конкретного блошиного рынка. Как нам сказали, это была одна из беднейших барахолок Европы. Наша работа заключалась в том, чтобы выделить торговые участки каждого продавца, разработать модель телеги для доставки товаров на рынок, а также построить временное укрытие для продавцов и покупателей на случай дождя или солнцепека. После совещания с Лючией Тоцци, одним из редакторов ABITARE, мы добились технической поддержки итальянской ИКЕА (благодаря ее PR-менеджеру Валерио ди Буссоло). Это позволило нам построить все необходимое для нашего блошиного рынка из предметов ИКЕА. Мы назвали тот проект RIKEA, и в 2009 году были приглашены представлять его на Биеннале архитектуры в Роттердаме, где были удостоены похвального отзыва.

Спустя несколько месяцев меня позвали принять участие в редакционном проекте, курируемом Педро Гадано (@pedrogadanho). Он попросил меня написать рассказ в жанре научной фантастики о «сценариях и спекуляциях» города будущего для новой серии книг Beyond. Тогда я написал рассказ об этом удивительном блошином рынке. В рассказе я вообразил себе сценарий устройства мира, в котором все ресурсы исчерпаны и заменены на искусственно произведенные. В этом мире дизайн принял форму информации, форму знания, необходимого для создания чего бы то ни было, и именно дизайн стал деятельностью, преображающей несведущую материю снова и снова, каждый раз в новом формате. В этом и заключался смысл проекта RIKEA.

Позднее, в 2011 году, у меня появилась возможность поработать над другим проектом в духе научной фантастики. На этот раз я должен был изобрести такое устройство, которое позволило бы выращивать рыбу и овощи в одной системе. Этот заказ я получил от стартапа UrbanFarmers для аквапонической фермы, установленной на одной из крыш города Базель в Швейцарии.

В очередной раз я использовал продукцию ИКЕА. Для того чтобы получить сведения о функционировании аквапонической фермы, я решил сделать свое собственное исследование и узнать, сколько продуктов может быть выращено таким образом в обыкновенной квартире. Андреас Грабер, соучредитель UrbanFarmers, помог мне определить технические данные прототипа. В результате был создан аппарат, который я назвал «Мальтус: Будет день, будет пища». «Мальтус» позволяет получать 200 грамм рыбы (стандартная порция) и одну порцию салата каждый день. Этим названием с некоторой долей иронии я сослался на Роберта Мальтуса, который в своем «Очерке о законе народонаселения» (1798) утверждал: «Запросы населения бесконечно больше способности Земли производить средства к существованию для каждого человека». До Мальтуса никто не ставил под сомнение возможности Земли прокормить своих обитателей. Этот вопрос и сегодня остается открытым. Мне хотелось принять участие в этой дискуссии с помощью «Мальтуса». Проект стал возможен благодаря средствам, вырученным с выставки Power Landscapes, проходившей под кураторством По Хагсторма в Стокгольме. Так были посеяны первые зерна, из которых выросли растения по всему моему офису.

Как дизайнер, я придаю форму идеям, превращая их в материальные вещи. Конечно, я не в состоянии решить все мировые проблемы, но, как минимум, я могу озвучить их. Из этого намерения и зародился проект ЭЛИООО.

Однако задумка самой системы ЭЛИООО появилась после выставки, которую меня попросили сделать для цюрихского кафе «Кабаре Вольтер», того самого, где зародился дадаизм. Выставка называлась «DADA Нью-Йорк II: Революция с целью уничтожения мирового капитализма». В ней приняли участие художники из арт-групп The Yes Men, Reverend Billy и «Война». Но поскольку быть «аполитичным» само по себе является политическим высказыванием, я выбираю дизайн в качестве формы гражданского активизма. Я решил иронически обыграть идею выставки – для того, чтобы уничтожить капитализм, нам необходим капитализм – и использовал предметы ИКЕА для дизайна выставки. Я хотел собрать инсталляцию таким образом, чтобы все предметы могли быть возвращены обратно в магазин по завершению трехмесячной выставки в полном согласии с политикой службы удовлетворенности клиентов ИКЕА. Мне хотелось спроектировать такой выставочный образец, который мог бы быть легко скопирован и построен в любом месте Земли, где есть возможность съездить в ИКЕА и купить все необходимые материалы. Образец, который мог бы быть реконструирован где угодно при минимальных затратах. Пространство выставки было спроектировано как комбинация из «штаб-квартиры», концептуального магазина и рабочего места. Используя в качестве строительного материала лишь три типа предметов – контейнеры для хранения (ТРУФАСТ), проволочные рамы (АНТОНИУС) и кабельные стяжки, я обустроил пространство всем необходимым: кроватью, лампами, прикроватной тумбочкой, тремя книжными шкафами, двумя рабочими столами, несколькими стульями, одним креслом и даже диваном. Вместе с Адрианом Нотц и Филипом Мейером мы решили назвать эту инсталляцию Readykea. Это была самая дешевая выставка, когда-либо проходившая в «Кабаре Вольтер».

Пару месяцев спустя Сюзанна Легренци, Стефано Мирти и Марко Патрони пригласили меня принять участие в выставке на одну ночь под названием Foster Care, проходившей в ходе Salone del Mobile в Милане. Я решил добавить к коллекции Readykea новый элемент: гидропоническое приспособление для выращивания продуктов питания. Именно тогда я представил систему Zoroaster, в этой книге названную ЭЛИООО #30. После той выставки я осознал, что могу спроектировать целый ряд различных гидропонических приспособлений с помощью все тех же элементов. Я решил обратиться к ИКЕА за поддержкой, объяснил им мои планы запустить краудфандинг-кампанию для того, чтобы написать, проиллюстрировать и издать книгу (ту, что вы держите в своих руках), которую я мог бы раздать всем участникам проекта в качестве благодарности. В очередной раз они вступили в игру.

БОЛЬШОЕ, БОЛЬШОЕ СПАСИБО
благодарственные слова

Да, я в курсе, что этот раздел получится очень длинным, но мне необходимо поблагодарить всех тех людей, без щедрой поддержки которых этот проект не был бы реализован. Давид Аффентрагер делает отличную работу в ИКЕА Швейцария. Он один из тех редких людей, чьи поступки всегда следуют его словам. Краудфандинг-кампания не стала бы возможной без плодотворных встреч с @_____thenomad и Хименой Куинтана, а также советов по краудфандингу Эмбер Хикей, которая, к тому же, проделала огромную работу по редактированию книги. Хочу поблагодарить Монику Тарокко (@moniemmeti), Карло Пизани (@carlopisani) и Элеонору Стасси (@eleonora_sta) за фотографии прототипов на ранней стадии работы до представления ЭЛИООО на Salone del Mobile в Италии.

Я благодарен от всего сердца Стефано Масса (@doctorcrowd), который работал вместе со мной в Conceptual Devices, решая разносторонние проблемы. Он также ответственен за видео краудфандинг-кампании и CSS-кодирование вебсайта ЭЛИООО. В дополнение к этому я в долгу перед ним как перед другом за его терпение и как перед напарником за многочисленные проекты, над которыми мы работали совместно в Conceptual Devices. Большое спасибо Тайдо фон Оппельн, который помог мне поместить эту книгу в рамки современного дизайна. И еще большее спасибо Лиз Хенри (@whereareyouliz) из Nuance Words. Лиз помогла мне с редактированием текстов для многочисленных проектов. Писательская деятельность требует серьезной самоотдачи особенно в том случае, если вы пишете не не своем родном языке, как я это делаю в настоящий момент (прим. пер. Антонио Скарпони – итальянец, но эту книгу он написал на английском языке). В этом нелегком процессе меня постоянно преследует ощущение, будто я брожу по тесной темной комнате, наполненной людьми. Я боюсь наступить кому-либо на ногу. Лиз помогала мне найти дорогу. Эмбер Хикей дополнительно заверила правильность выбранного направления.

Я также хочу поблагодарить «the crowd», все множество людей, что поддержали эту книгу. Без них этот проект не был бы возможен. Эти удивительные личности нашли в себе силы поддерживать концепт книги, целью которой является превращение обычных людей в идейных производителей, еще до окончания производства самой книги. Сами эти личности не только являются концептуальными производителями, но и продюсерами, посредниками, спонсорами и, в финальном счете, своеобразными усилителями всей этой задумки. Именно они помогли мне сделать эту мысль материальной. Особую благодарность заслужили: Альберто Гаскон, Альдо Мазола, Алли Моторкаде, Андреа Ботто, Андреа Зауса, Андреас Шмейл, Анна Барбара, Аттилио Барзаги, Август Флассиг, Бункаи Ли, Чин Йи Чиенг, Крис Амос, Крис Ниевиаровски, Кристиан Лангенеггер, Клаудиа Мейер, Клаудио Фарина, Кристина Перилло, Кристина Сенаторе, Даниель Фрей, Даниела Беттони, Даника Хадграфт, Давид Шнеллер, Давид ван Беркель, Давиде Саккони, Дианна Браун, Элиза Оссино, Эрик Дэймон Уолтерс, Эвелин Левеги, Феликс Кюесталер, Фредерик Уэллс, Джакомо Пираццоли, Джанлуиджи д'Анджело, Жильярд Магали, Джиойа Гуерцони, Грег Перкинс, Жанель Вольтман, Джереми Хюлет, Джойс Милетик, Джулиа Граф, Кэрен Смит, Каспар Манц, Кейт Хофман, Кимбол Финиган, Коен Вершаерен, Лаура Баско, Лиза Асмюссен, Лиза Рэмп, Луис

Сильверман, Лючиа Джулиано, Магнус Дальстранд, Мариа Костеа, Мариано Далланго, Марина Метаза, Марио Кантарелла, Мариус Финстан, Марк Дурно, Мартин Лочер, Мартин Фаундлер, Мэтью Кингхорн, Маурицио Чилли, Мэлани Гажовски, Майкл Келлер, Наташа Фенолио, Нэйтан Уолф, Николь Соваго, Олле Лундель, Пабло Састилло, Памела Ферри, Паоло Приоло, Пол Филдс, Филип Франкланд, Ракель Стораи, Ребекка де Марчи, Ребекка Дефо, Роберт Мэйсон, Самуэль Анцелотти, Симона Галатео, Стефан Хорнке, Стефан Лейжон, Стефано Мирти, Стив Свиггерс, Стюарт Адамс, Сюзанна Легренци, Тэмми Джонсон, Таро Когюр, Тэйлор Бэнкс, Талиа Леман, Тьеме ван Вин, Винсент Ухер, Уолтер Николино, Юнжин Ким, а также многие другие, кто предпочел не указывать свое имя. Огромное спасибо за поддержку двум моим первым торговым посредникам Veg and the City (@Veg_andthecity) и Nerd Communications (@nerdcomms). Отдельно благодарю всех тех, кто сделал предзаказ книги на сайте www.eliooo.com после запуска краудфандинг-кампании.

Проведение успешной краудфандинг-кампании – это очень сложная работа, но зачастую даже этого недостаточно, необходима еще и удача. Ради этого проекта я работал очень много, однако мне также очень повезло. Эта кампания получила поддержку удивительных людей – моих друзей. Я благодарю Даниэля Фрей (@da_frei) за поддержку и советы. Я благодарю тебя за дружбу, Даниэль.

Большое спасибо Рэмо Рикетти (@remo_ricchetti) за предложение использовать переиначенную тактику уведомлений о дне рождения в фейсбуке с целью маркетинга. Спасибо Стефано Мирти (@stefi_idlab) за серьезное отношение к этой идее, а также за замечательный девиз – «Поддержи этот проект и получи выгоду!» – на странице Grand Touristas (@GranTouristas) в фейсбуке, созданной им совместно с Рэмо и Даниеле Манчини для итальянского павильона на Венецианской биеннале архитектуры 2012.

Я бы также хотел отметить участие тех людей, которые активно обсуждали этот проект в своих блогах и на страницах в социальных сетях, таким образом помогая его распространению в интернете. Отдельная благодарность Тине Рот Эйсенберг (@swissmiss), Марии Поповой (@brainpicker), которые написали об этой книге накануне ее публикации и таким образом дали толчок к ее успешному запуску; Дженифер Хэттам (@jenhattam) и Сумандро Чаттападхьяй (@ajantriks) за публикацию очень детальных и привлекательных статей для блогов Treehugger и Pop-up City.

Наконец, я бы хотел поблагодарить мою жену Федру за «ground funding», фундаментальную поддержку этого и многих других моих проектов, которые и составляют мою жизнь. Эту книгу я посвящаю нашей дочери с надеждой, что однажды мы с ней вместе сможем перелистывать эти страницы и смеяться над тем, какой же у нее сумасшедший папа.

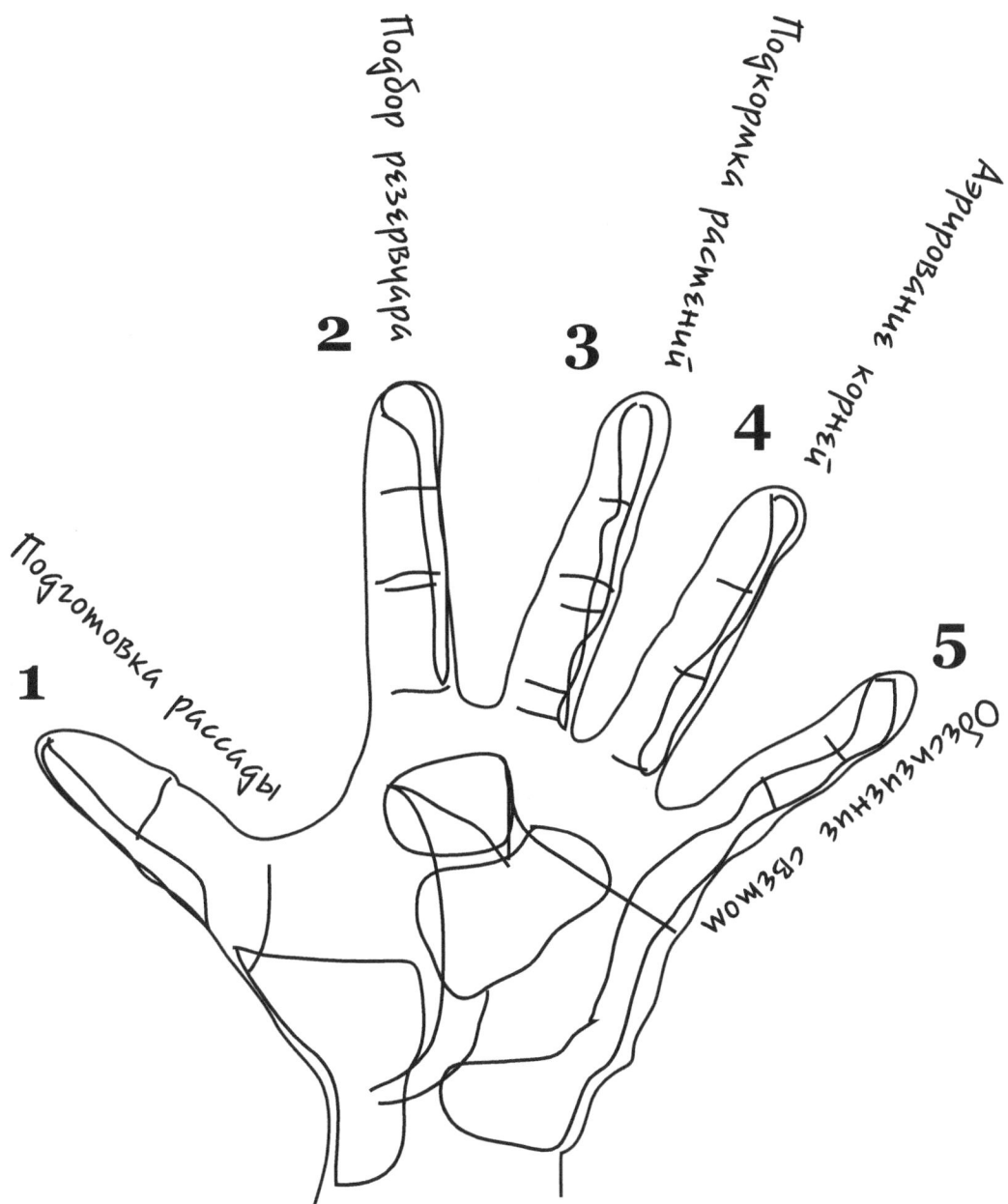

ПЯТЬ ЗАДАЧ ПРОЕКТИРОВАНИЯ В РАБОТЕ С ГИДРОПОНИКОЙ

И все-таки, земледелие — это лишь предлог. Растения не обязательно высаживать в почву. Гидропоника — это способ выращивания продуктов питания, который позволяет культивировать растения в воде, разумеется, при соблюдении необходимых условий подкормки и аэрирования корней.

С технической точки зрения, почва выполняет две функции. Первая — поддержка растений в вертикальном положении. Вторая — обеспечение растений питательными веществами и кислородом. При разложении органических веществ высвобождаются простейшие элементы, которые и служат питанием для растений. Кислород уже содержится в том воздухе, которым пропитана земля. Если почва слишком плотная и перенасыщенная, как, скажем, глина, то очень маловероятно, что какое-либо растение сможет вырасти в таких условиях, потому что корням будет недостаточно кислорода. Если питательные вещества будут поставляться напрямую в воду, тогда корни смогут позаботиться обо всем остальном при том условии, что вы позаботитесь об их достаточном аэрировании.

В гидропонике вам удастся сэкономить до 90 процентов от той воды, которая расходуется в традиционных земледельческих практиках. Гидропоника также позволяет вам выращивать больше растений на меньшей территории. Этот способ не допускает распространения вредителей, грибков и прочих недугов, от которых страдают растения, выращиваемые в почве. В гидропонике устраняется возможность присутствия сорняков, а значит и проблема борьбы с ними. Время между посадками сокращено в силу того, что нет необходимости подготавливать почву. Вам не приходится волноваться и о поливе растений.

Работа с гидропоникой поставит перед вами пять задач проектирования. Для решения этих задач я использовал несколько предметов ИКЕА, а также некоторые стандартные сельскохозяйственные приспособления. Система ЭЛИООО предлагает, прежде всего, пространственное решение этих пяти задач.

Хотя существует множество путей их решения, ЭЛИООО — самый простой. Он использует недорогие элементы, доступные практически повсюду.

1

ПОДГОТОВКА РАССАДЫ

Очень важно самостоятельно вырастить саженцы. Только тогда вы будете знать, как зарождается растение, и сможете существенно сократить риск распространения вредителей в системе.

Существует два пути выращивания саженцев. Первый — это высадка семян в субстрат для проращивания, который помогает зерну дать ростки. Второй заключается в клонировании из вашего любимого растения идентичного новичка.

Вот элементы, необходимые для выращивания рассады:

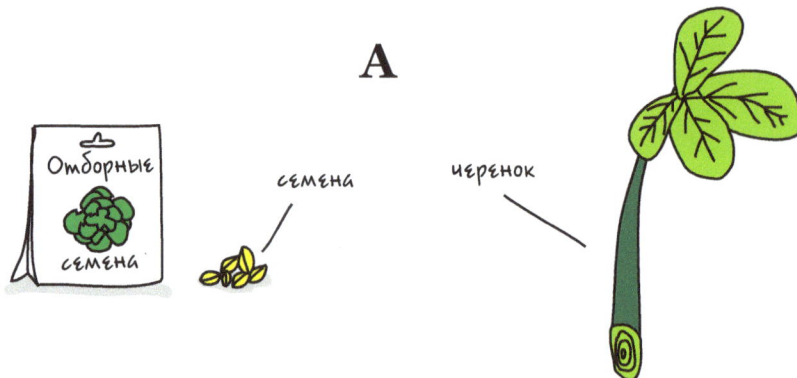

A

семена

черенок

Как вырастить рассаду из семян и как получить черенок, будет объяснено на следующих страницах.

сетчатый горшочек

B

Эти горшочки обычно черного цвета и устроены так, что позволяют корням прорастать в воду. Для этой системы я рекомендую использовать сетчатые горшочки диаметром 5 см.

стаканчик из-под йогурта

Вы также можете сделать сетчатые горшочки своими руками. Прекрасно подойдут стаканчики из-под йогурта. Просто проделайте в них достаточно отверстий для прорастания корней в воду.

C

Рассада

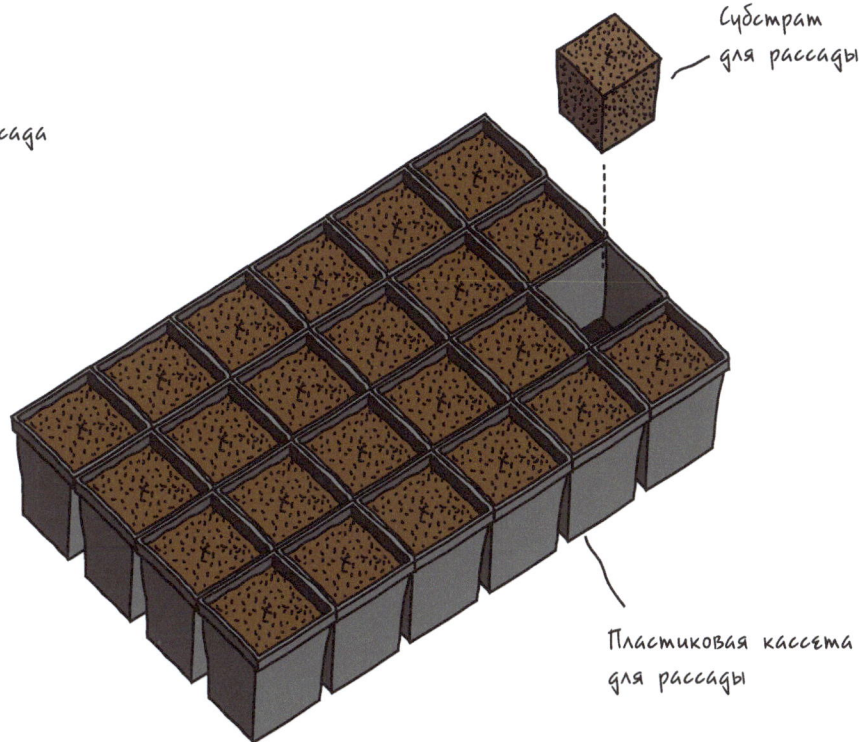

Субстрат
для рассады

Пластиковая кассета
для рассады

Существует множество вариантов выращивания своей рассады. Рекомендую использовать субстрат из кокосовых волокон и органического компоста, формованный посредством полимера. Я предпочитаю этот вариант, поскольку такой субстрат состоит из органического материала и упрощает пересадку, не разламывается на части в том момент, когда настанет время вытянуть субстрат с проросшими в него корнями из горшочка. Такой субстрат направляет рост корней строго вниз, что благотворно влияет на развитие корневой системы после того, как растение пересажено в удобренную воду. Субстрат для растений продается в различных формах и размерах (прим. пер. в российских садоводческих магазинах продается субстрат в виде торфяных или кокосовых таблеток, прекрасно подходящий для рассады). Убедитесь лишь в том, что ваш сетчатый горшочек (диаметром 5 см) подойдет по размеру.

D

Керамзит

Легкий пористый материал керамзит идеально подходит для рассады. Он структурно поддерживает растение так, как это делает почва. Мне нравится использовать керамзит, поскольку он относительно недорогой, pH-нейтральный, легкий на вес и весьма распространенный. Одно предостережение: если в гидропонической системе использованы какие-либо насосы, то необходимо хорошо промыть керамзит перед его использованием, чтобы устранить мелкие частицы, способные испортить оборудование. Другие субстраты, которые могут быть также использованы в гидропонике: перлит, кокосовый койр и минеральная вата.

ПОСАДКА СЕМЯН

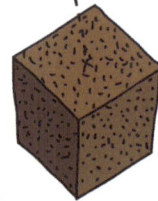

A

Возьмите семена любого понравившегося вам растения, но убедитесь, что вы выбрали товар наилучшего качества из вам доступных. Я рекомендую использовать семена с указанной гарантией на всхожесть.

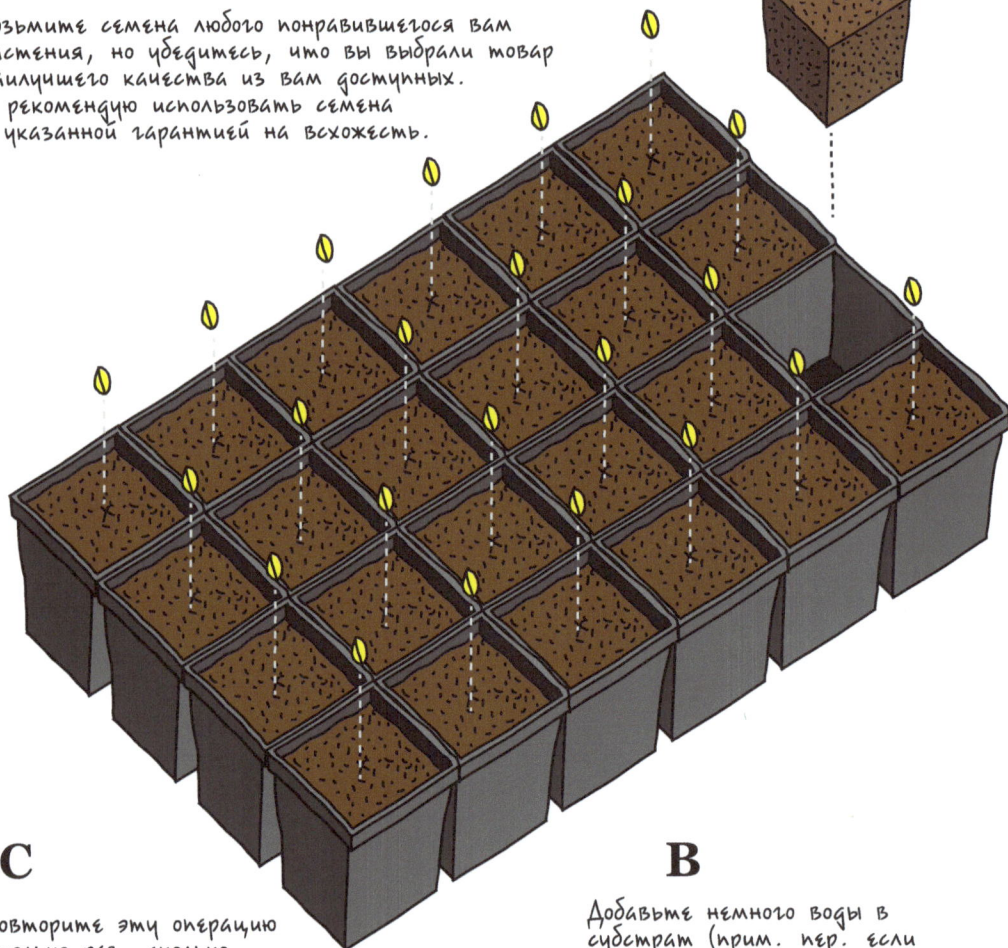

C

Повторите эту операцию столько раз, сколько саженцев вы желаете вырастить. Внимательно прочитайте инструкцию на обратной стороне упаковки для наилучшего результата.

B

Добавьте немного воды в субстрат (прим. пер. если вы используете таблетку, то подождите пока она поднимется) и поместите семечко в центр, не вдавливая его слишком глубоко.

D

Накройте вашу рассаду мини-парником (прим. пер. многие используют для этой цели пищевую пленку, что вполне допустимо), предварительно распылив немного воды для поддержания влажности.

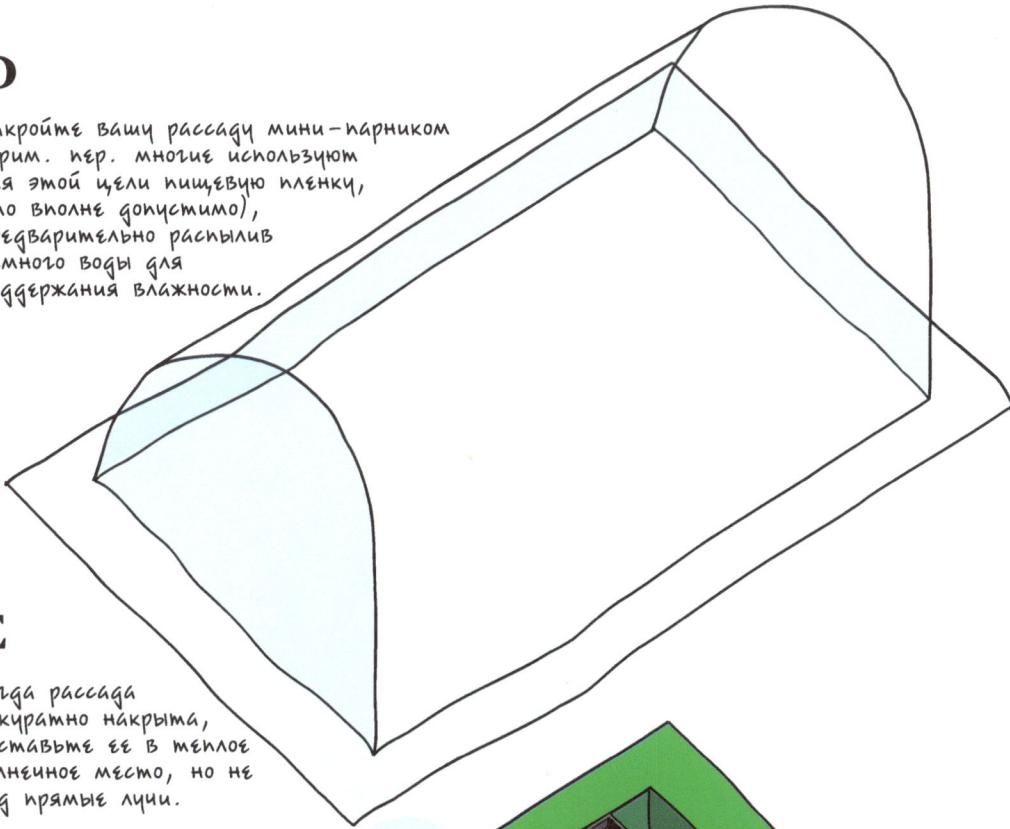

E

Когда рассада аккуратно накрыта, поставьте ее в теплое солнечное место, но не под прямые лучи.

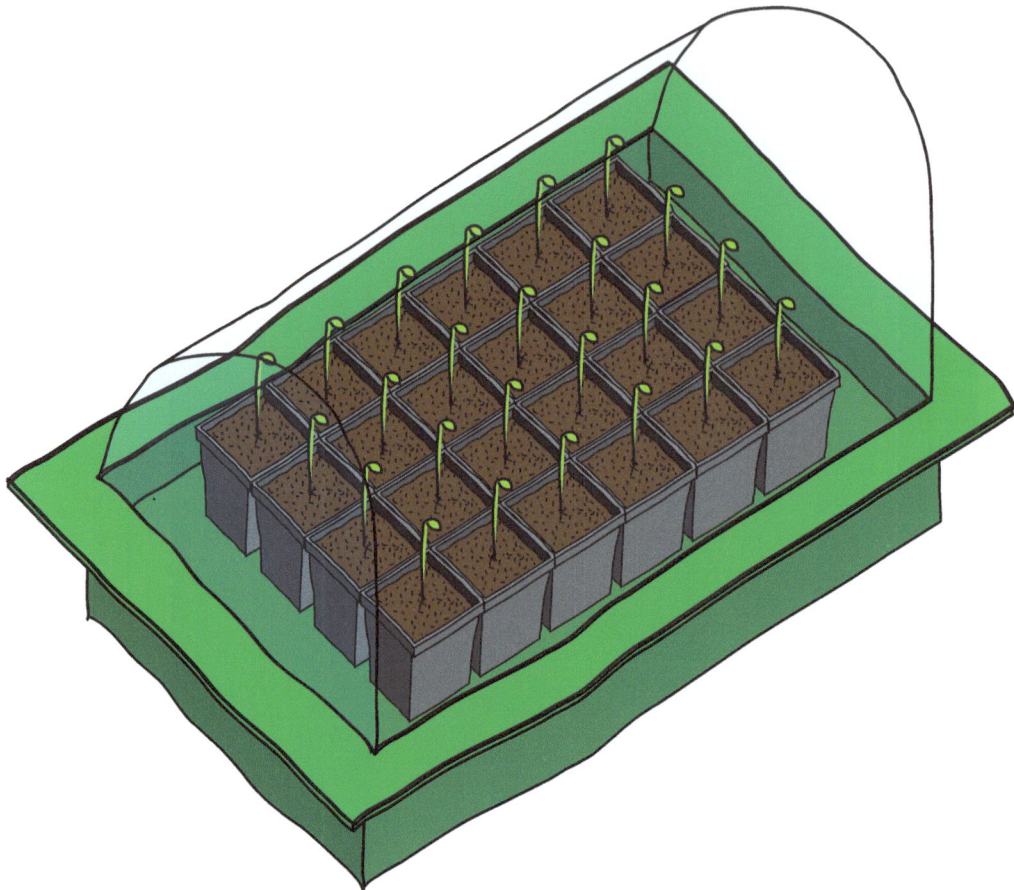

F

Через несколько дней семена начнут прорастать. Всё, что вам нужно делать, это поддерживать влажность и тепло в мини-парнике.

Когда они взойдут, переместите саженцы в более солнечное место. Когда появятся первые листочки, вы можете убрать укрывной материал. Очень важно поддерживать субстрат влажным, но не затопленным.

G

Когда ваши семена превратились во взрослые саженцы с несколькими листочками, настало время пересадки в гидропоническую установку. Стараясь не повредить корневую систему, осторожно извлеките саженец вместе с субстратом из кассеты.

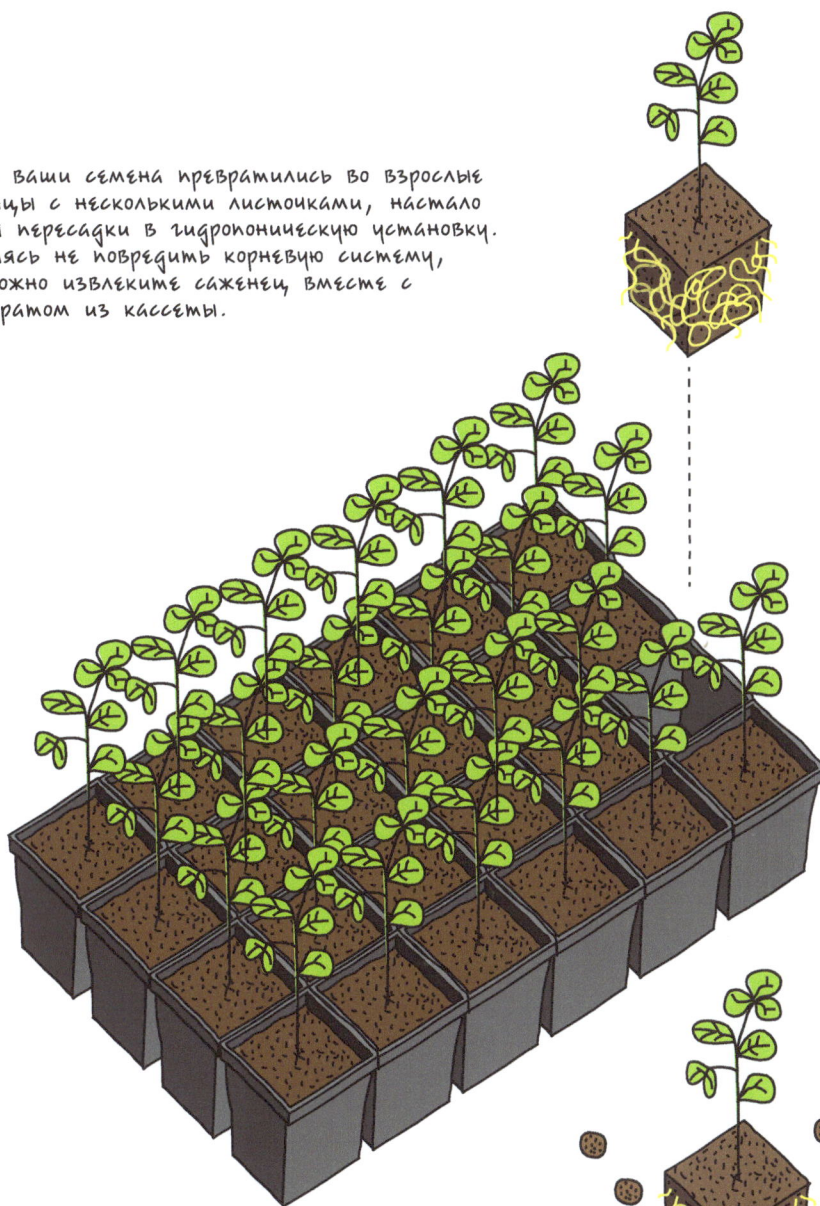

H

Поместите каждый саженец, в отдельный сетчатый горшочек и заполните все свободные места керамзитом. Необходимо поддерживать субстрат влажным до тех пор, пока корни саженцев не достигли воды.
Поздравляю вас с новым растением!

ЧЕРЕНКОВАНИЕ

Растения могут быть клонированы. Существует множество способов выращивания растений, но черенкование, вероятно, самый эффективный. Он позволяет сэкономить много времени посредством копирования вашего любимого растения без возни с рассадой. Черенковать растение довольно просто. Вам для этого понадобится:

Гормон для укоренения ускорит развитие корневой системы

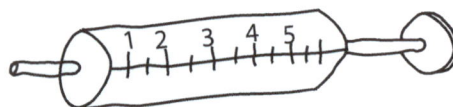

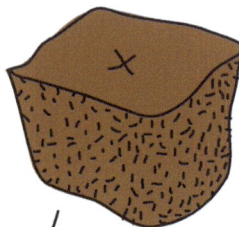

Субстрат для растений, куда помещается черенок с целью развития корней

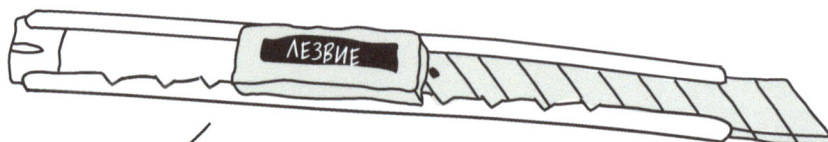

Острое и стерильное лезвие для того, чтобы отрезать черенок от растения, которое вы хотели бы клонировать

ЧТО ДЕЛАТЬ ДАЛЬШЕ

Растение, которое
вам хотелось бы
черенковать

А

Возьмите острый
стерильный нож
и отрежьте веточку
вашего любимого
растения. Она должна
иметь четыре—пять
листочка.

В

Ветка, которую вы
только что срезали

Угол среза должен быть примерно 45°

Дополнительный
надрез для
предотвращения
эмболии

C

Сделайте неглубокий надрез ровно
над уровнем среза черенка. Это
предотвратит эмболию, образование
воздушного пузыря, застревающего
в отверстии стебля. Второй надрез
позволит такому пузырю выйти наружу.

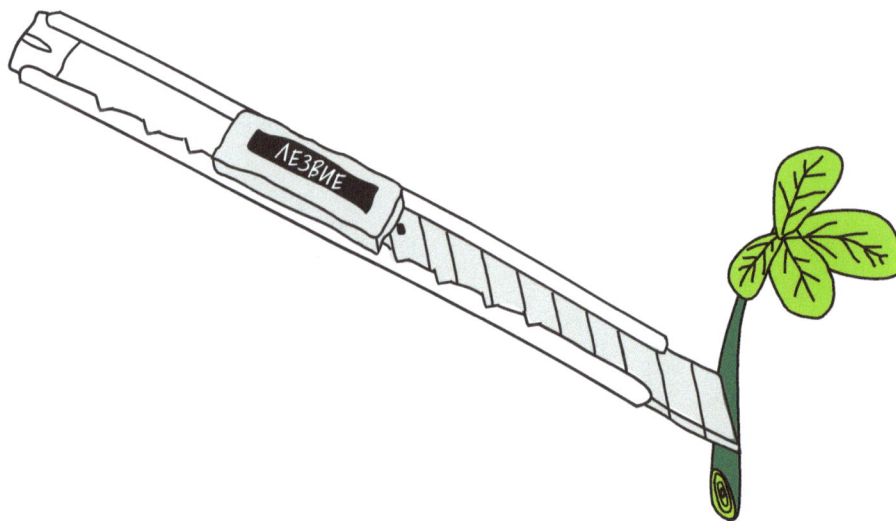

ЛЕЗВИЕ

D

Наберите в стерильный
шприц немного гормона.

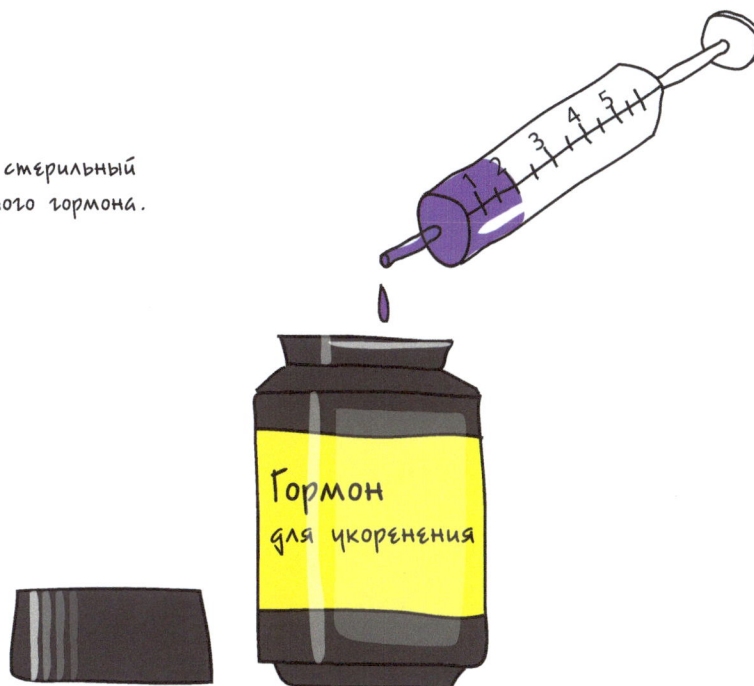

Гормон
для укоренения

F

Перелейте гормон
в чистое блюдце.

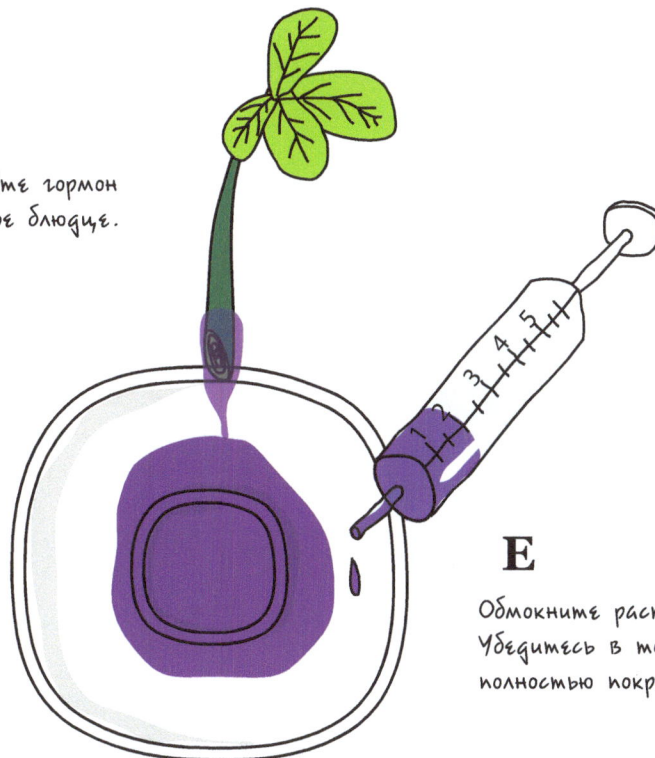

E

Обмокните растение в гормон.
Убедитесь в том, что надрез
полностью покрыт гормоном.

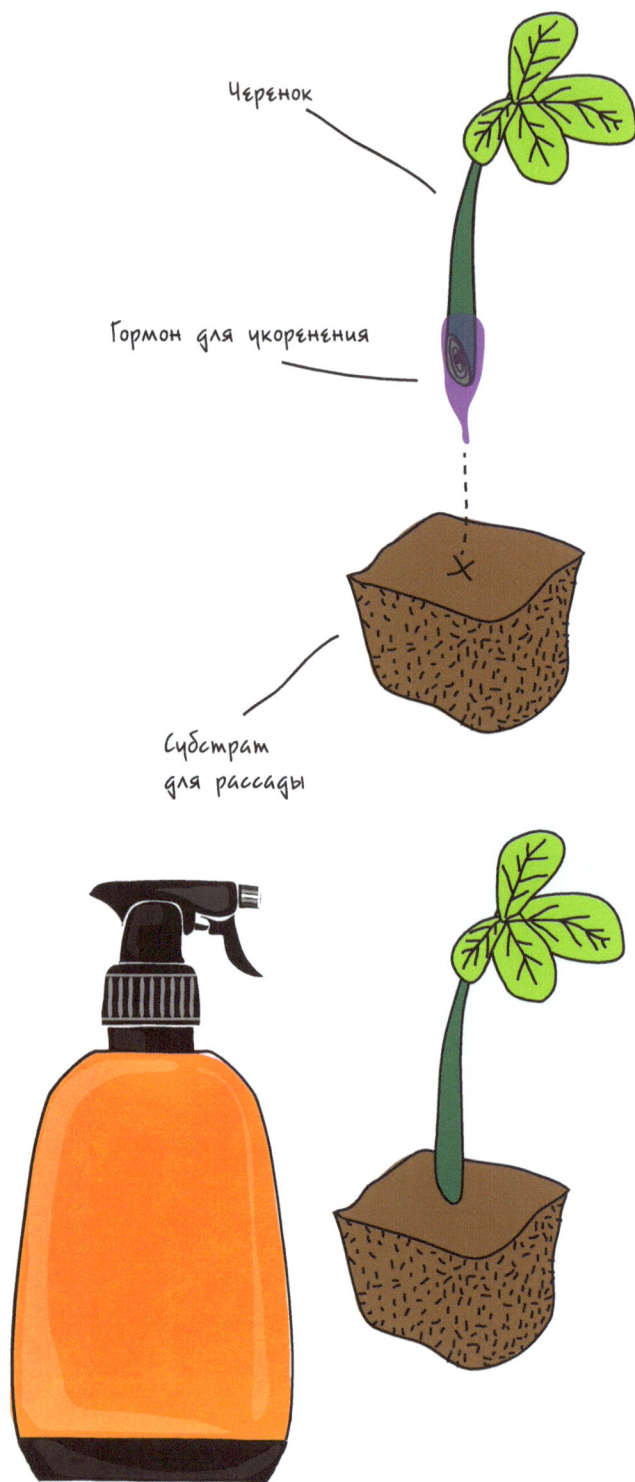

Черенок

Гормон для укоренения

G

Теперь вы можете аккуратно вставить черенок в увлажненный субстрат для рассады (прим. пер. размокшую таблетку).

Субстрат для рассады

H

Теперь остается убедиться в том, что черенок помещен в теплое влажное место, но не под прямыми солнечными лучами, до тех пор, пока корни не прорастут за пределы субстрата. Также как и в случае с обычной рассадой, вы можете накрыть черенок прозрачной крышкой или пленкой для сохранения степени увлажненности. Смысл в том, чтобы создать своеобразную мини-теплицу. Периодически опрыскивайте саженцы водой и поддерживайте субстрат во влажном состоянии. Когда растение подрастет, переместите его в более солнечное место.

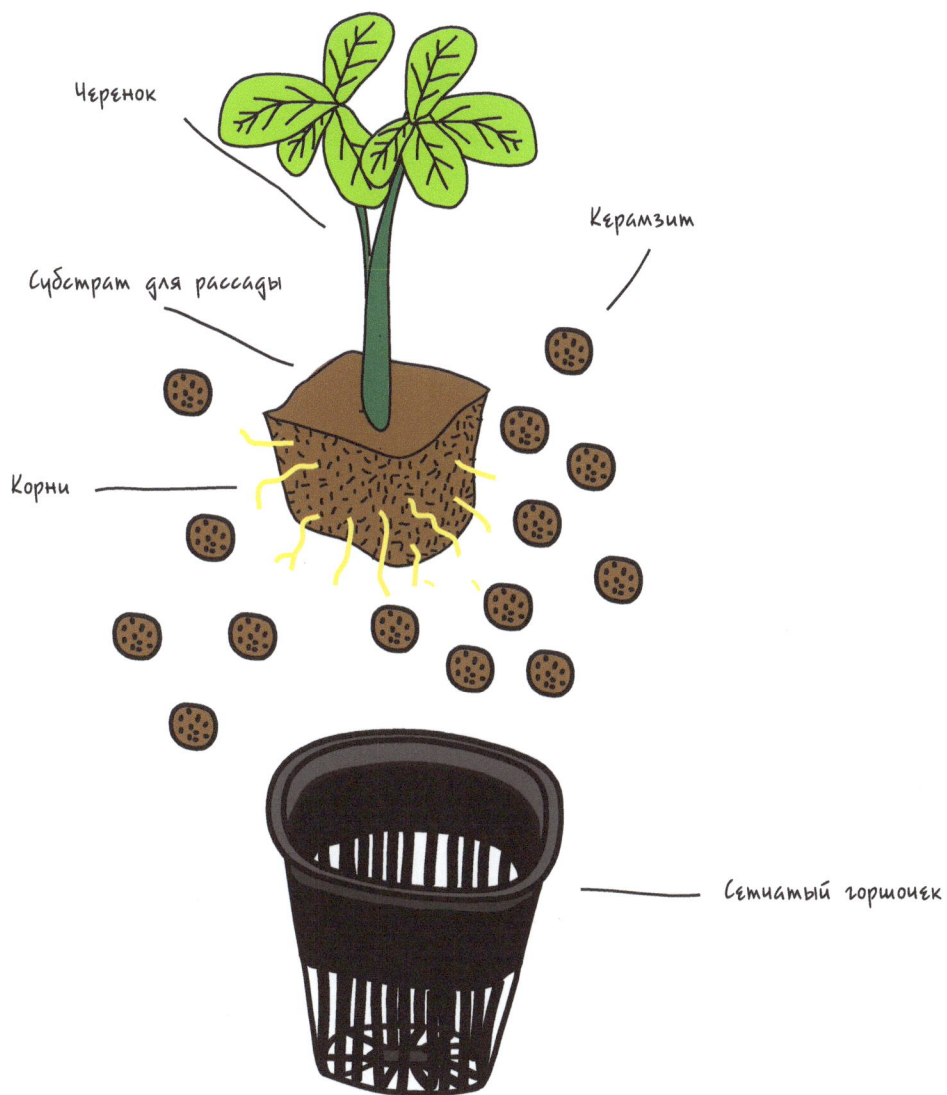

Черенок

Керамзит

Субстрат для рассады

Корни

Сетчатый горшочек

I

Поместите субстрат в сетчатый горшочек
и заполните все щели керамзитом. Теперь
ваше растение готово для пересадки
в систему ЭЛИООО.

Задача **2**

ПОДБОР РЕЗЕРВУАРА

Для того чтобы выращивать растения в этой гидропонической системе, вам понадобится контейнер. В качестве самого простого варианта, я предлагаю вам использовать контейнеры ТРУФАСТ производства ИКЕА. Почему? Потому что они имеют яркую окраску, невысокую стоимость и доступны в различных размерах. Также к ним предлагаются соответствующие по размерам белые светоотражающие крышки, в которых могут быть прорезаны отверстия для размещения в них наших сетчатых горшочков. Наконец, пластиковые товары ИКЕА не имеют в своем составе бисфенол, опасный для здоровья человека.

501.158.62

Я предпочитаю использовать контейнеры ТРУФАСТ именно ярких оттенков, потому что они лучше защищают воду от света и предотвращают образование водорослей. Водоросли тоже любят удобрение, однако оно предназначено только для ваших растений.

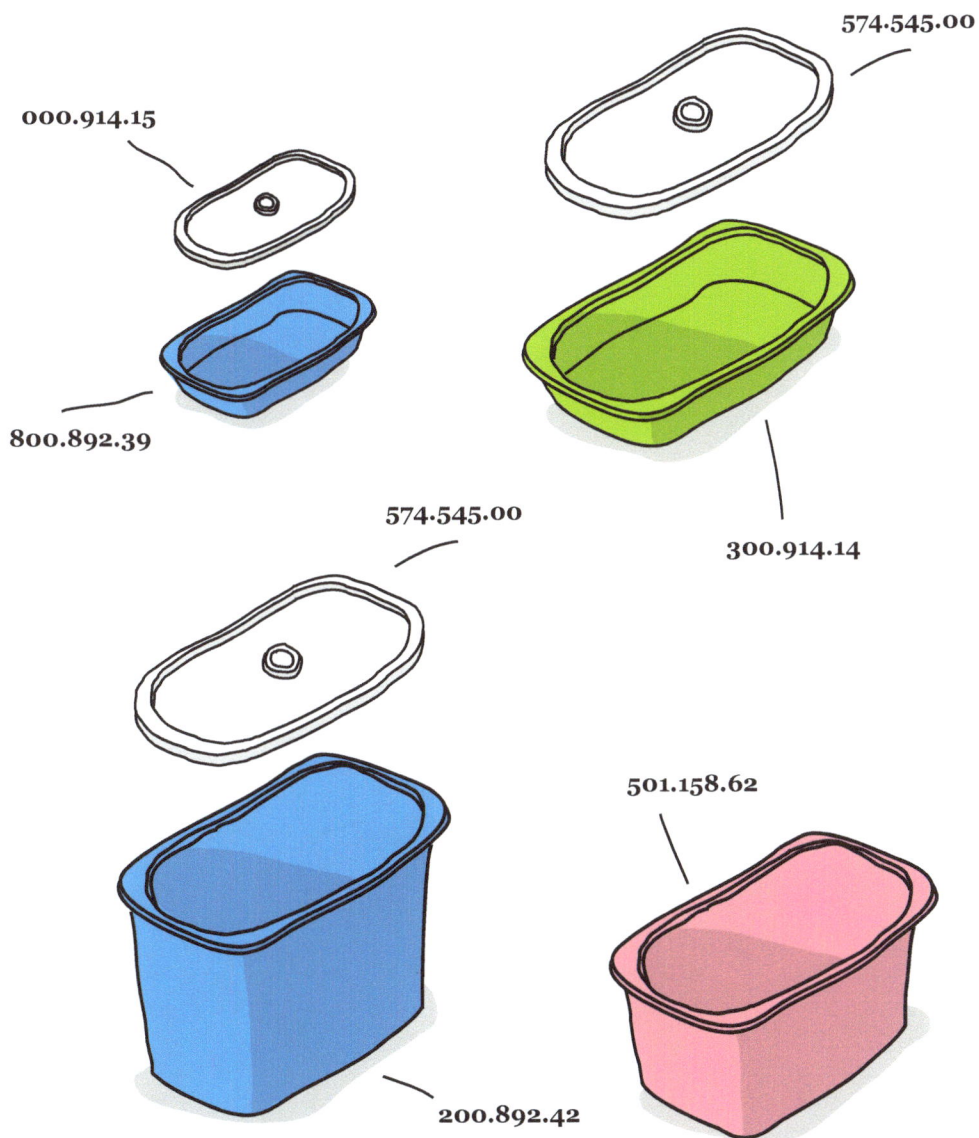

574.545.00

000.914.15

800.892.39

300.914.14

574.545.00

501.158.62

200.892.42

Для максимальной экономии пространства я рекомендую устанавливать по восемь горшков в каждый контейнер. Однако, в зависимости от типа растения, ему может понадобится и чуть больше места для полноценного роста. Вам самим придется выяснить, какому растению сколько полагается пространства. Вы всегда сможете перераспределить горшочки, если окажется, что им мало места.

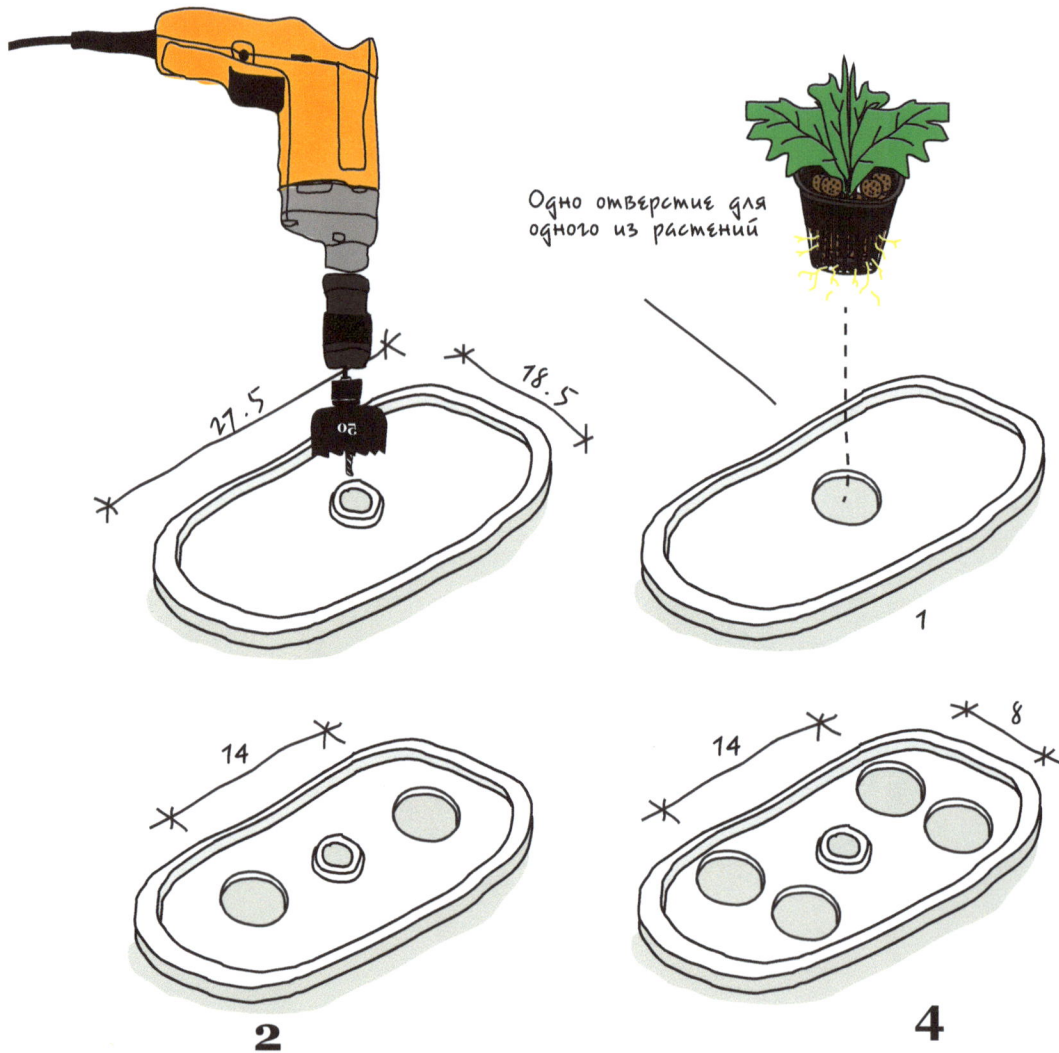

Одно отверстие для одного из растений

27.5

18.5

50

1

14

2

14

8

4

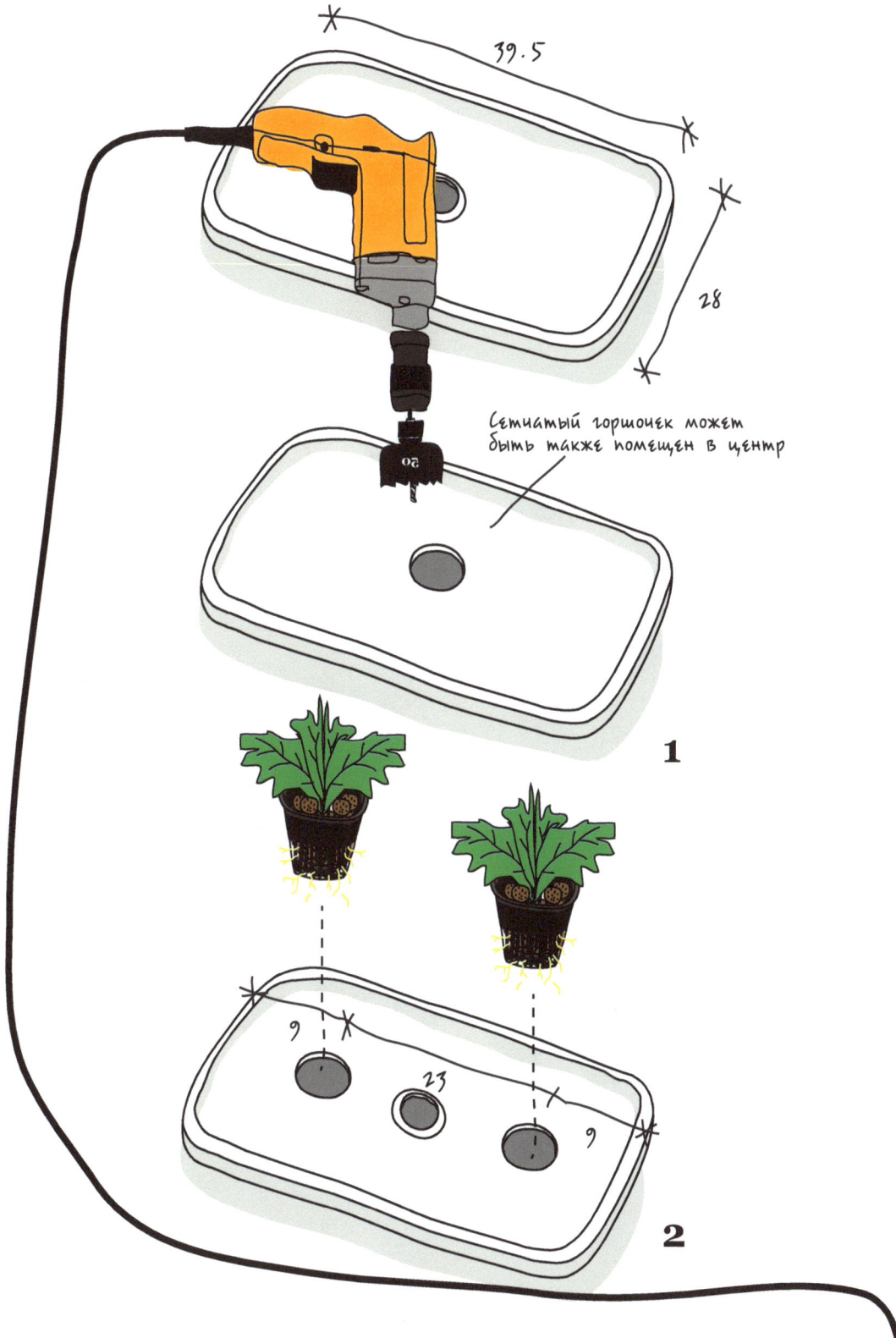

39.5

28

Сетчатый горшочек может
быть также помещен в центр

1

9

23

9

2

41

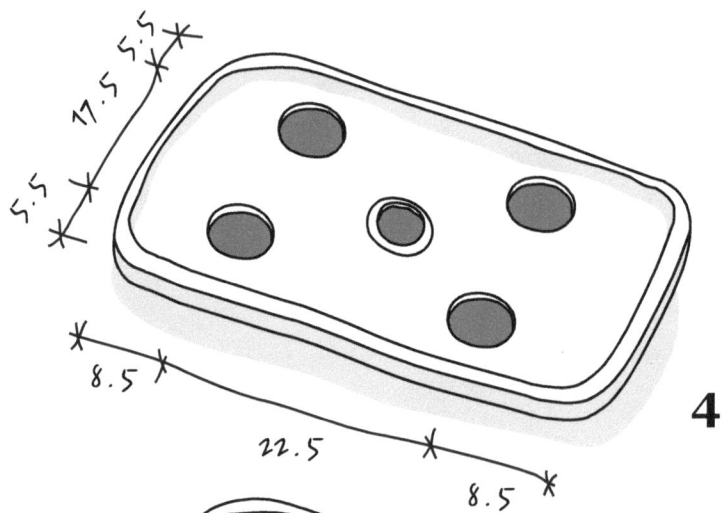

4

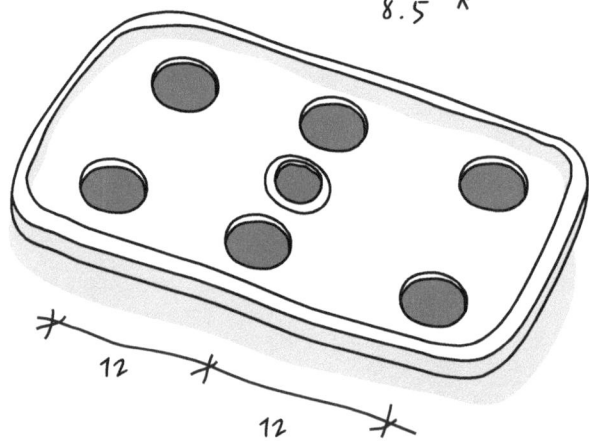

6

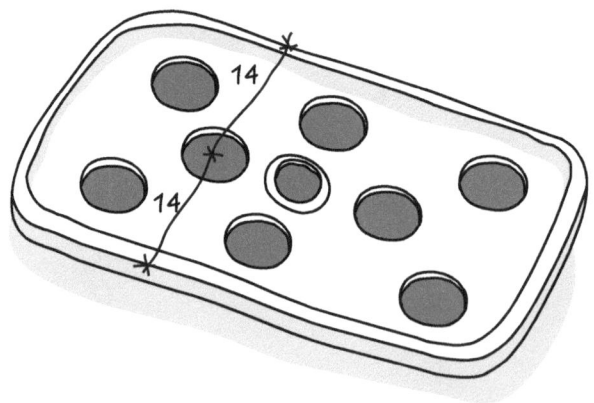

8

3

Задача

ПОДКОРМКА РАСТЕНИЙ, или УДОБРЯЙ!

На этой стадии нам, конечно же, потребуются удобрения. Типичное удобрение представляет собой сочетание макроэлементов, растворенных в воде. В продаже есть великое множество таких растворов. Вы также можете сделать их самостоятельно. Для проекта, представленного в этой книге, я рекомендую купить наиболее качественное удобрение из доступных. Спросите в садоводческом магазине «питательный раствор для гидропоники» и вам укажут на серию продуктов. В интернете вы также можете отыскать различные варианты и способы приготовления самодельных растворов. Но обратите внимание на то, что большинство растворов рассчитаны на использование в мягкой воде, то есть в воде с малым содержанием солей щелочноземельных металлов. Именно такая вода обычно используется в городской системе водоснабжения. Также существуют и растворы для жесткой воды. Если вы не уверены в том, какая вода используется в вашем городе, обратитесь с этим вопросом в ЖКХ. Тогда вы сможете использовать подходящий питательный раствор. Думаю, что специалисты садоводческого магазина наверняка подскажут вам, мягкая или жесткая вода используется в вашем городе.

МАКРО- И МИКРОЭЛЕМЕНТЫ

Растения получают необходимые питательные вещества из макроэлементов, потребность растений в которых довольно высока, и микроэлементов, которые им нужны в минимальных количествах.

МАКРОЭЛЕМЕНТЫ включают:

N Азот
P Фосфор
K Калий

МИКРОЭЛЕМЕНТЫ:

Ca Кальций
S Сера
Fe Железо
Mg Магний
B Бор
Mn Марганец
Zn Цинк
Mo Молибден
Cu Медь
Co Кобальт

Недостаток или избыток этих элементов на макро- или микро-уровнях повлияет на состояние вашего растения и может даже повлиять на вкус конечного продукта. Советую проверить все характеристики в интернете, литература на эту тему невероятно обширна. Обратите внимание на то, что большинство удобрений, доступных сегодня в продаже, снабжают растения только лишь макроэлементами. Однако существует несколько способов обеспечить растениям и микроэлементы. Для этого я также советую вам провести свое собственное небольшое исследование. Эта тема не является основным фокусом данной книги. Далее будет предложена лишь пара примеров удобрения.

ОРГАНИЧЕСКИЕ УДОБРЕНИЯ

Есть несколько способов производства органических удобрений. Вот два из них:

КОМПОСТНЫЙ «ЧАЙ»

A

Наполните ведро водой и добавьте немного компоста. Перемешайте.

Ведро

Компост

B

Оставьте настояться на несколько дней. Перемешивайте от времени к времени.

C

Процедите смесь в другое ведро сквозь старую футболку для того, чтобы избавиться от твёрдых тел.

D

Ваше органическое удобрение готово.

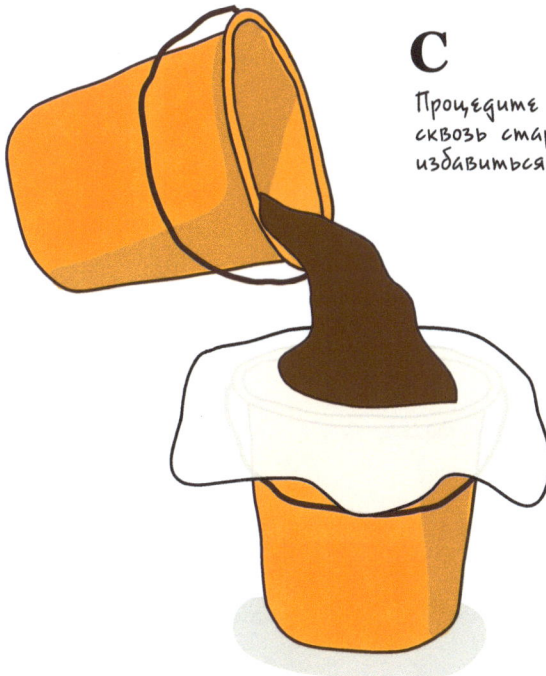

Человеческая

МОЧА

Да, вы все правильно прочитали. Зачастую отходы жизнедеятельности рыб используются в качестве удобрения. Такая техника называется аквапоникой. Выходит круговорот: рыбы обеспечивают питанием растения, а те в свою очередь очищают воду для рыб. Эта техника обычно используется как для разведения рыб, так и для выращивания растений. С химической точки зрения, моча рыб идентична моче человека. Разумеется, ее необходимо разбавлять водой, иначе моча «обожжет» растение. Вот рекомендация из «Википедии»:

Разбавленная водой (из расчета 1:5 для однолетних культур с учетом использования свежего субстрата каждый сезон, [21] или 1:8 для общего использования [20]), ее можно добавлять напрямую в почву как удобрение. Было доказано, что эффект от такого удобрения сопоставим с эффектом от использования коммерческих удобрений с эквивалентным уровнем NPK. [22]

http://en.wikipedia.org/wiki/Urine#Agriculture

В этой концепции больше всего мне нравится то, что сразу же становится очевидным:
мы есть то, что мы едим, а отбросов в природе просто не существует.

Есть множество источников информации на эту тему. Вот несколько публикаций, которые я могу вам порекомендовать:

S. A. Esray, I. Anderson, A. Hillers, R. Sawyer, *Closing the Loop. Ecological sanitation for food Security.* Publications on Water Resources No. 18, Mexico 2001.

H. Jonsson, *Guidelines on the Use of Urine and Feces in Crop Production.* EcoSanRes Publications Series, Report 2004-2. Stockholm Environment Institute; Stockholm, Sweden. Available from www.ecosanres.org.

R. Gensch, A. Miso, G. *Itchon, Urine as Liquid Fertilizer in Agricultural Production in the Philippines.* A Practical Field Guide, Xavier University Press, 2011.

Воздушная помпа состоит из трех частей: сама помпа (обычно помещается в воду), воздухонаправляющий шланг и так называемый «камень», удерживающий трубу на дне бака и распыляющий крохотные воздушные пузыри.

ВОЗДУШНАЯ ПОМПА

"Камень", распылитель

Размер и мощность помпы должны соответствовать размеру бака. Обычно такие помпы не требуют больше 25W.

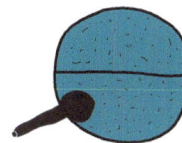

Шланг для воздушной помпы

Задача

4

АЭРИРОВАНИЕ КОРНЕЙ

Существует несколько способов обеспечения растений кислородом. Чаще всего в гидропонических системах используются помпы как в аквариумах. Рыбам тоже нужен воздух.

Есть несколько разных систем подачи кислорода к корням растений. Я перечислю некоторые из них: при пленочным методе корни получают питательные вещества по тонкой струе воды (по пленке); в аэропонике питательный раствор распыляется непосредственно на корни; в системах вертикального разведения растений питательные вещества поставляются капельным образом сверху, остатки собираются внизу и зачастую перекачиваются обратно в установленный на вершине системы резервуар. В последнем случае растения укореняются в трубу со специальной губкой или керамзитом для обеспечения растений влажностью и кислородом.

СПОСОБ (А)

с использованием воздушной помпы

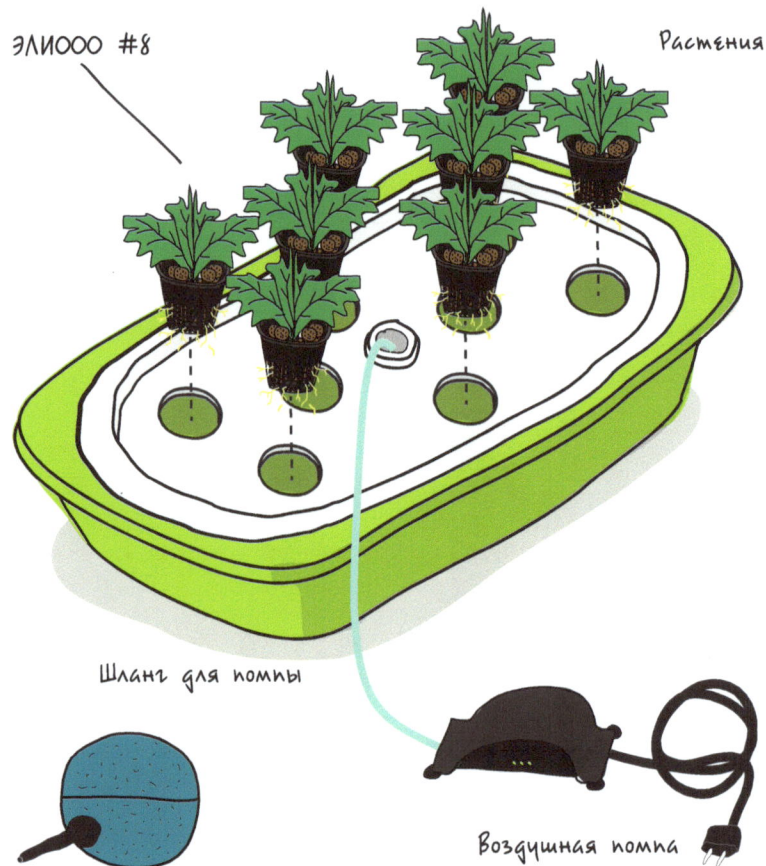

ЭЛИ000 #8

Растения

Шланг для помпы

Воздушная помпа

Распылитель присоединяется к другой стороне шланга и помпы.

Воздушная помпа поставляет кислород в воду. В процессе испарения вам нужно будет добавлять питательный раствор по необходимости.

Это приспособление нуждается в электричестве.

СПОСОБ (В)

система капельного полива

Пластиковая бутылка с питательным раствором. Питательный раствор поставляется посредством простейшей пробковой системы по каплям.

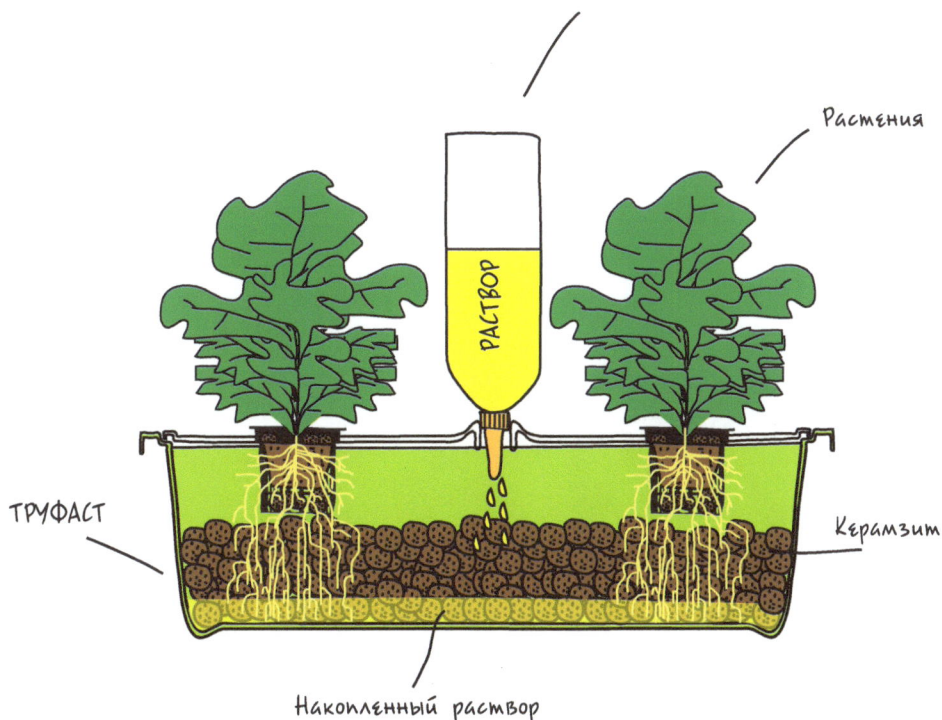

Растения

РАСТВОР

ТРУФАСТ

Керамзит

Накопленный раствор

Удобренная вода должна постепенно отводиться, сохраняя керамзит лишь слегка влажным. Единственный недостаток этой системы заключается в том, что керамзит не должен пересыхать. Так, если система стоит на солнце, то понадобится больше питательного раствора, так как он будет испаряться быстрее.

Также нужно будет следить за тем, чтобы дождевая вода не попадала в систему, разбавляя питательный раствор.

Я рекомендую к прочтению эту книгу:
R. Kourik, *Drip Irrigation for Every Lanscape and All Climates*. Metamorphic Press, 2009.

СПОСОБ (В1)

система капельного полива

Питательный раствор наполняется в бутылку или другой резервуар, и по капли пропускается вниз, в другие контейнеры.

В капельной системе может быть использована обычная крышка с проделанными в ней отверстиями или же специальная крышка, подходящая по размеру к вашей бутылке.

Избыток питательного раствора опускается по трубке вниз и собирается в нижнем контейнере.

Нужно лишь убедиться в том, что трубка не забивается. С этой целью может быть использован легкий перфорированный мяч.

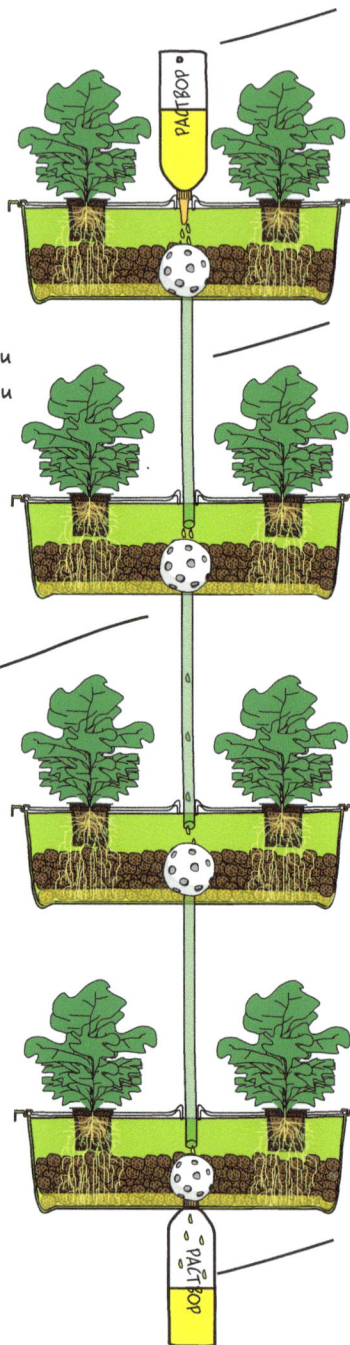

В конце системы стоит разместить еще один резервуар, подобный установленному в ее начале. Регулярно меняйте бутылку с питательным раствором.

РАСТВОР

РАСТВОР

СПОСОБ (С)

система проточного типа

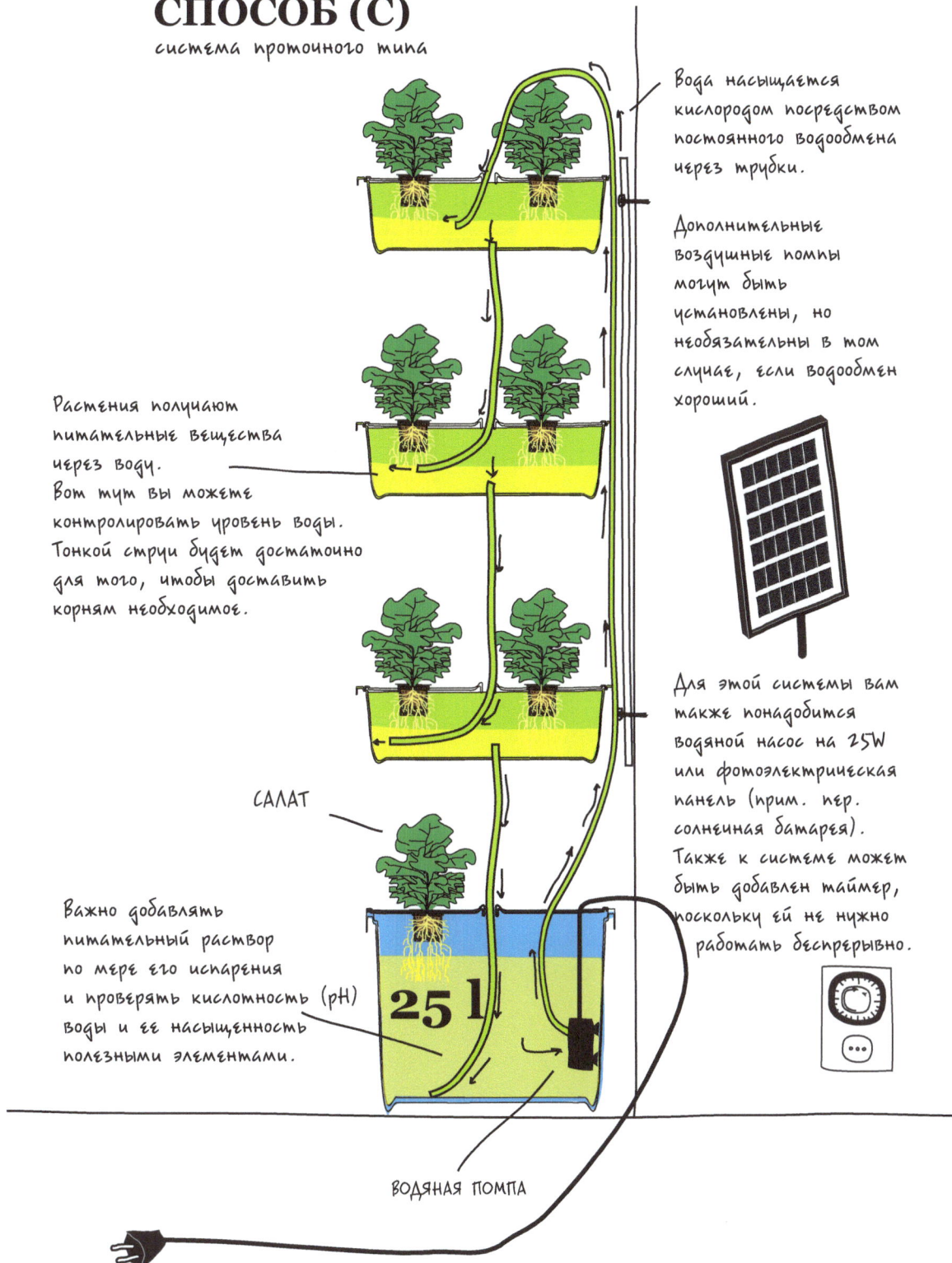

Вода насыщается
кислородом посредством
постоянного водообмена
через трубки.

Дополнительные
воздушные помпы
могут быть
установлены, но
необязательны в том
случае, если водообмен
хороший.

Растения получают
питательные вещества
через воду.
Вот тут вы можете
контролировать уровень воды.
Тонкой струи будет достаточно
для того, чтобы доставить
корням необходимое.

Для этой системы вам
также понадобится
водяной насос на 25W
или фотоэлектрическая
панель (прим. пер.
солнечная батарея).
Также к системе может
быть добавлен таймер,
поскольку ей не нужно
работать беспрерывно.

САЛАТ

Важно добавлять
питательный раствор
по мере его испарения
и проверять кислотность (pH)
воды и ее насыщенность
полезными элементами.

25 l

ВОДЯНАЯ ПОМПА

КОНЦЕНТРАЦИЯ и УРОВЕНЬ pH

В протоиных системах очень важно поддерживать нужный уровень концентрации питательного раствора по мере его постепенного разведения и роста растения. Концентрация питательных веществ в растворе проверяется посредством измерения ppM или TDS — parts per million («частиц на миллион») и total dissolved solids («количество растворенных частиц»). Этот процесс часто именуется как измерение EC, или электропроводимости, в данном случае, питательного раствора.

ppM—метр (солемер)

pH—метр

959

6.2

ON/OFF

ON/OFF

CFM

CAL

Sharp
TDS

Sharp
PH

Сенсор

Сенсор

Питательные вещества не принесут никакой пользы растению, если они не будут должны образом впитываться. Решающим фактором здесь является кислотность, или pH, почвы или питательного раствора.

Уровень pH измеряется по шкале от 0 до 14, отображая концентрацию гидроксония. Говоря в общем, это измерение необходимо, чтобы проверить уровень кислотности раствора. Вода считается нейтральной с уровнем pH 7. В гидропонической установке pH должен регулярно замеряться и поддерживаться на уровне между 6.0 и 6.5. Для того чтобы корректировать уровень pH в питательном растворе, вы можете использовать pH—корректор или же просто менять воду в резервуаре каждые две недели.

Все эти технические аспекты прекрасно освещаются в самой полезной и мотивирующей книге на эту тему из тех, что когда—либо мне встречались:

K. Roberto, *How-To Hydroponics. The Complete Guide to Building and Operating your own Indoor and Outdoor Hydroponic Gardens*. The Future Garden Press, New York, 2005.

Она также доступна на сайте www.howtohydroponics.com

СПОСОБ (D)

система непроточного типа

В том случае, если вода не циркулирует, растение развивает анаэробные корни, которые постоянно погружены в воду, и аэробные корни, которые остаются подвешенными в воздушном пространстве. Растение само вбирает столько кислорода, сколько ему требуется. Такая система не нуждается в электрических приспособлениях для аэрирования корней именно благодаря способности растения развивать аэробные корни.

Этот способ запатентован Гавайским университетом.

U.S. Patents 5.385.589 and 5.533.299

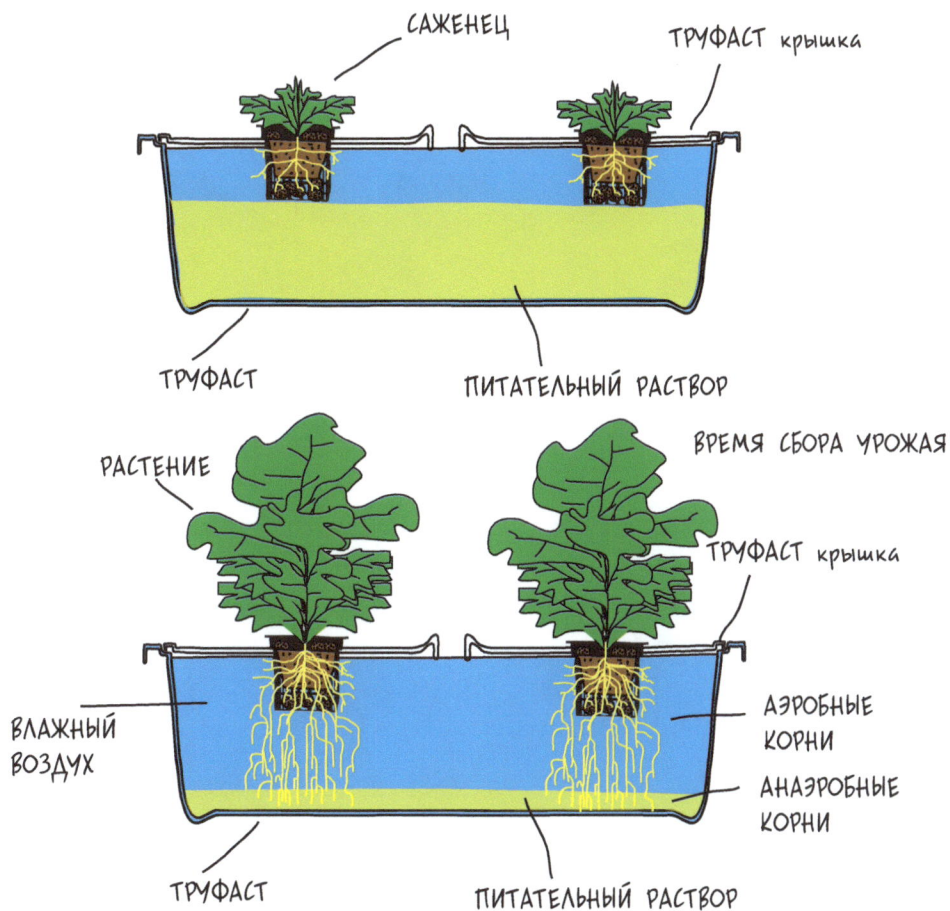

САЖЕНЕЦ   ТРУФАСТ крышка

ТРУФАСТ   ПИТАТЕЛЬНЫЙ РАСТВОР

РАСТЕНИЕ   ВРЕМЯ СБОРА УРОЖАЯ

ТРУФАСТ крышка

ВЛАЖНЫЙ ВОЗДУХ   АЭРОБНЫЕ КОРНИ

АНАЭРОБНЫЕ КОРНИ

ТРУФАСТ   ПИТАТЕЛЬНЫЙ РАСТВОР

На эту тему я рекомендую прочитать:

B.A. Kratcky, *Three Non-Cyrculating Hydroponic Methods For Growing Lettuce.*
T. M. Cadle, *The Secret of Non-Circulating Hydroponics. A Proven Method of Hydroponic Growing Without the High Cost.*

← Книга доступна в iTunes.

ГИДРОПОНИКА НЕПРОТОЧНОГО ТИПА:
ВРЕМЯ И ПРОСТРАНСТВО

Разным растениям необходимо разное количество питательного раствора — как правило, в зависимости от того, являются они плодоносящими или нет. Вот несколько примеров:

САЛАТ: 4 литра
срок созревания: 30 дней

ТОМАТ: 24—40 литров
продолжительность жизни: 1—2 года (это зависит от многих факторов, в том числе и от сорта)

ОГУРЕЦ: 100—130 литров
срок созревания: 80 дней

ОБЪЕМЫ ЭЛИООО

2 L

800.892.39

4,2 L

300.914.14

501.158.62

25 L

200.892.42

15 L

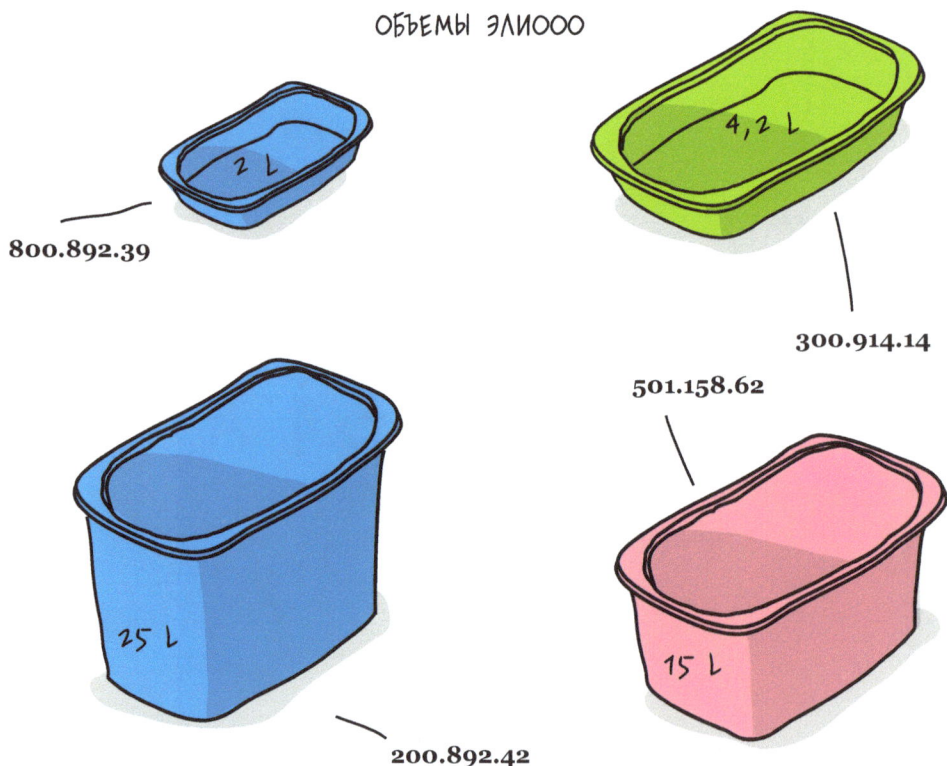

Дополнительная литература на тему:

B.A. Kratky, 2004. *A Suspended Pot, Non-Cyrculating Hydroponic Method*. Proceeding of the South Pacific Soiless Culture Conference, Acta Hort. 648. p. 83-89

Вы также можете найти эту книгу в открытом доступе онлайн.

СПОСОБ (D1)

система непроточного типа с периодическим пополнением

Система, с которой я больше всего экспериментирую — непроточная система с периодическим пополнением. Идея проста: позволить растениям самостоятельно развить аэробные и анаэробные корни. Все, что нужно делать — периодически пополнять контейнер питательным раствором для того, чтобы сохранять уровень жидкости постоянным. В этом случае растение будет развивать необходимые аэробные корни и успешно расти. Все, что ему будет необходимо, это добавка в небольших количествах — максимум один литр для этой системы. Пожалуйста, не забудьте убедиться в том, что все растения в вашей системе находятся в одной стадии роста.

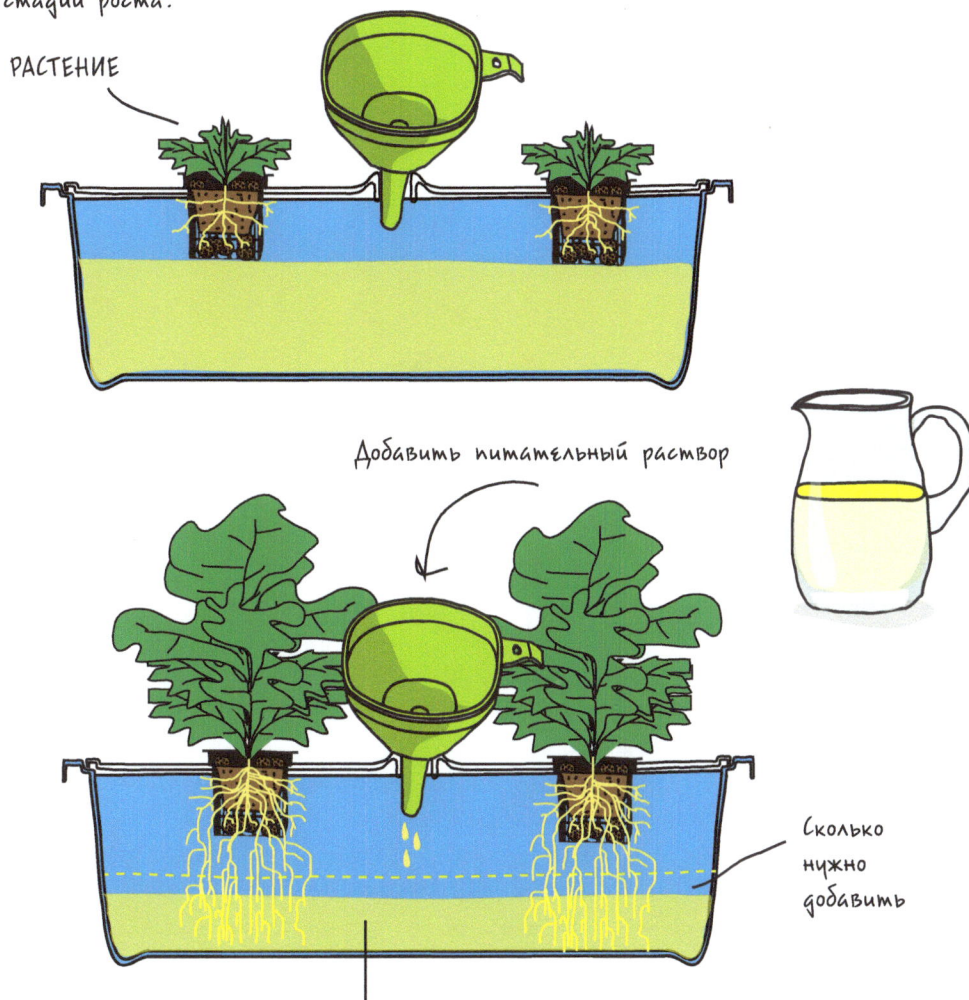

РАСТЕНИЕ

Добавить питательный раствор

Сколько нужно добавить

Сохраняйте уровень питательного раствора постоянным для того, чтобы растения развивали аэробные корни и поглощали кислород

FIAT LUX

5

ОБЕСПЕЧЕНИЕ СВЕТОМ

Рост растения напрямую зависит от качества, интенсивности и продолжительности его освещения. В идеале, растения должны получать примерно 8 часов солнечного света в день. В качестве альтернативного варианта, вы можете использовать флуоресцентные лампы, спроектированные для освещения комнатных растений. Этот вариант подходит для тех растений, которым не нужно очень много света, например, для трав и листовых овощей. Также вы можете использовать газоразрядные лампы (HID). Светодиодные лампы (LED) тоже становятся все более популярными. Я перепробовал различные варианты, но не могу сказать, что нашел идеальный способ. Кажется, этой технологии все еще есть куда развиваться.

ФЛУОРЕСЦЕНТНЫЕ ЛАМПЫ

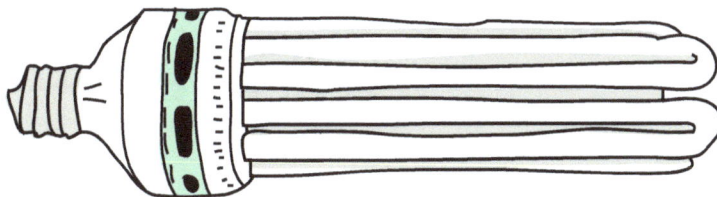

Для того, чтобы вырастить простейшие листовые овощи, вполне достаточно и неоновых ламп. Подобные лампы позволят вам выращивать ароматные травы прямо на вашем рабочем столе. Я рекомендую использовать лампы холодного белого света. Из расчета минимум 25W/0,09 кв м, хотя 30 — 50W/0,09 кв м предпочтительней.

H.I.D.: High Intensity Discharge

ГАЗОРАЗРЯДНОЕ ОСВЕЩЕНИЕ

Если вы желаете добиться максимального роста растений, возможного в помещениях, вам придется использовать разрядные лампы высокой интенсивности. Они были специально созданы для обеспечения максимального выхода фотосинтетически активной радиации (PAR) на сумму потребляемой мощности.

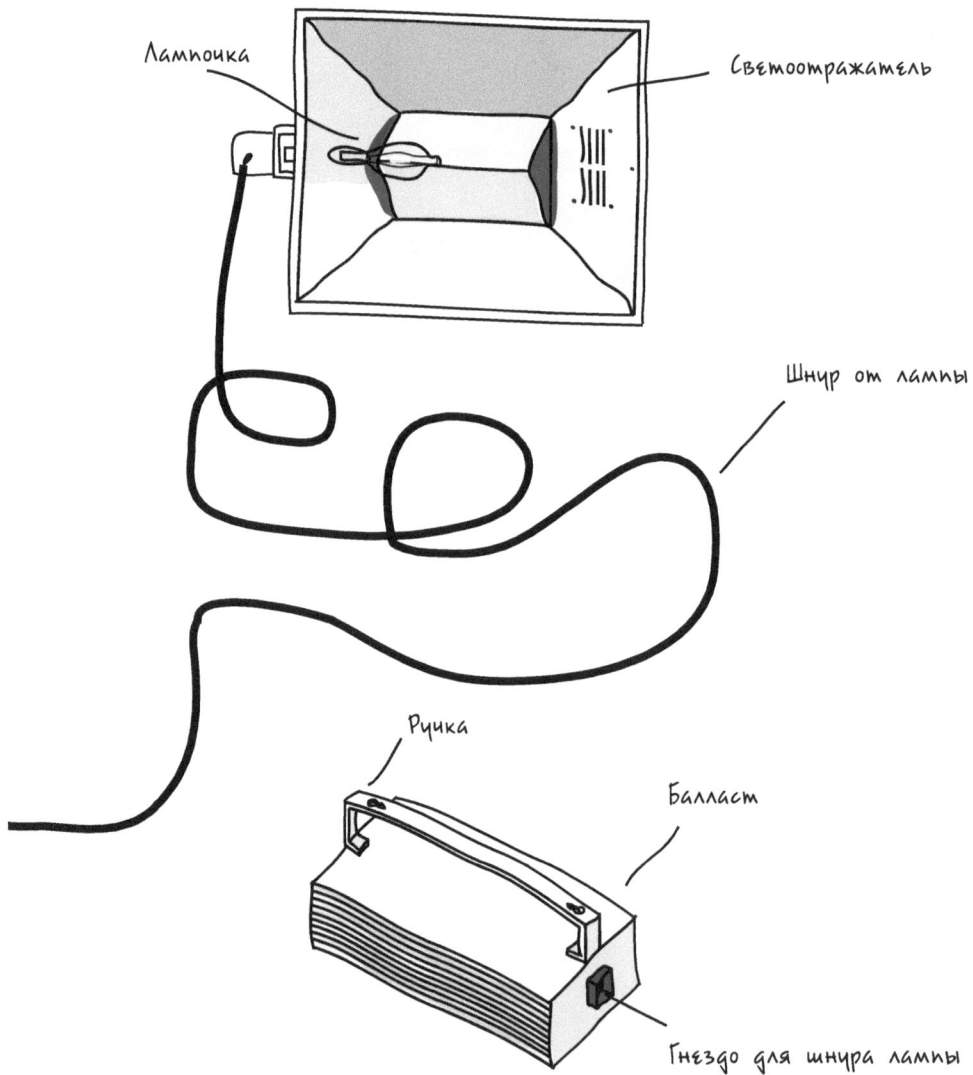

Лампочка

Светоотражатель

Шнур от лампы

Ручка

Балласт

Гнездо для шнура лампы

ГАЗОРАЗРЯДНЫЕ ЛАМПЫ

A Металлогалогенные лампы (МН), в основном, излучают голубой свет, что идеально подходит для освещения во время первичной стадии роста растений. Лампы МН служат около двух лет, но их необходимо менять каждые 12-14 месяцев.

B Натриевые лампы высокого давления (HPS), в основном, излучают красный свет, что приводит к повышенному цветению и плодоношению во время репродуктивной стадии роста растения. Лампы HPS работают около пяти лет, но вам нужно будет менять их каждые два года. Газоразрядные лампы работают долго, но постепенно теряют свой спектр (и эффективность).

СОВЕТ:

Установите такой осветительный прибор, который поддерживает «конверсивные» лампы. Используйте металлогалогенные лампы в начале роста растения, а затем меняйте их на лампы HPS, когда появятся первые цветы. Большинство растений лучше себя чувствуют при 16-18 часах света. Также постарайтесь установить таймер для автоматизации процесса.

Площадь, занимаемая растением		Мощность лампочки	Расстояние до растения

60 ☐ 60	2'x2'	**175w**	30 cm (12")
91 ☐ 91	3'x3'	**250w**	45 cm (18")
121 ☐ 121	4'x4'	**400w**	60 cm (24")
182 ☐ 182	5'x5'	**600w**	60 cm (24")
243 ☐ 243	8'x8'	**2 x 600w**	60 cm (24")

Если вы используете лампочку 400 Вт 18 часов в день, вы израсходуете 7,2 кВтч. Проверьте стоимость электроэнергии на кВтч и умножьте на 7,2, чтобы посчитать эксплуатационные расходы. Должно выйти примерно 7-20 долларов в месяц. Советую проверить эти данные на сайте: www.hydroponics-simplied.com.

ЭЛИООО

выращивай свои продукты

ЭЛИООО #4

ЭЛИООО #4 идеально подходит для выращивания пряных трав на кухне. Эта система не занимает много места (20,5 на 29,7 на 10 см) и вы сможете выращивать до четырех растений в зависимости от их размера. Разместите систему на солнечном подоконнике или под обычной неоновой лампой, и этого будет достаточно для растения. ЭЛИООО #4 не нуждается в электричестве.

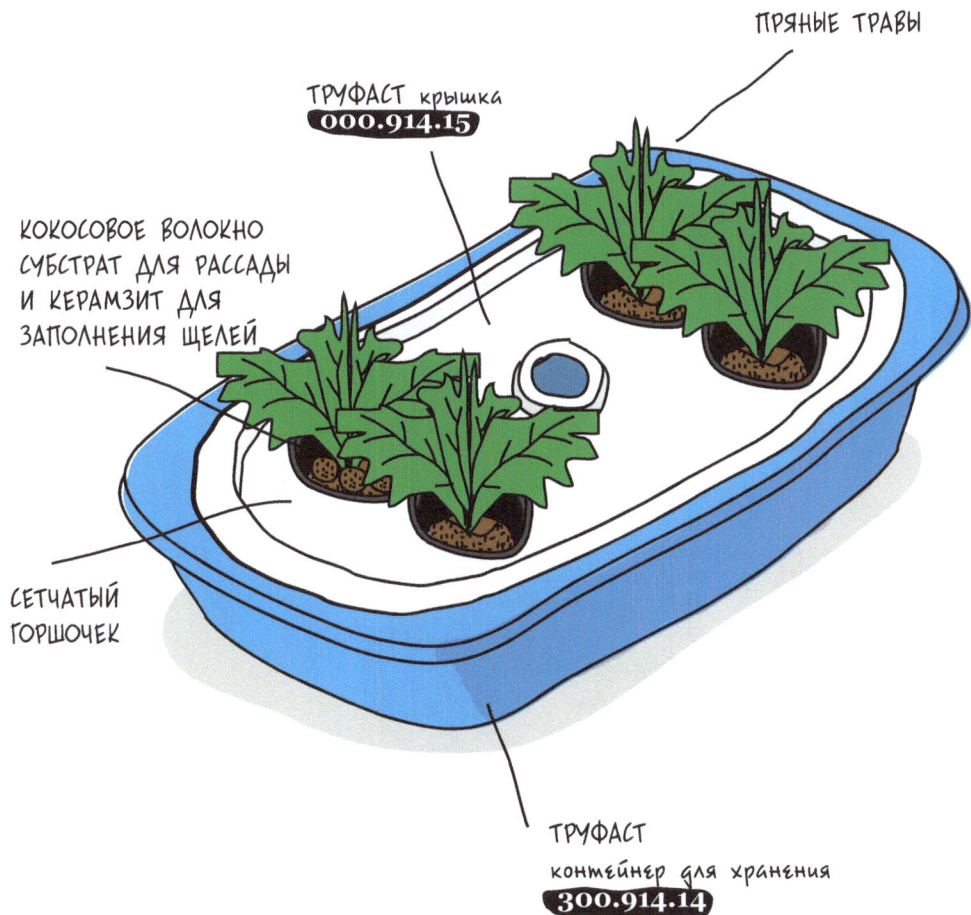

ПРЯНЫЕ ТРАВЫ

ТРУФАСТ крышка
000.914.15

КОКОСОВОЕ ВОЛОКНО СУБСТРАТ ДЛЯ РАССАДЫ И КЕРАМЗИТ ДЛЯ ЗАПОЛНЕНИЯ ЩЕЛЕЙ

СЕТЧАТЫЙ ГОРШОЧЕК

ТРУФАСТ контейнер для хранения
300.914.14

ЭЛИООО #4:
ВСЕ НЕОБХОДИМОЕ

Керамзит

ИЗ ИКЕИ

ТРУФАСТ крышка
000.914.15

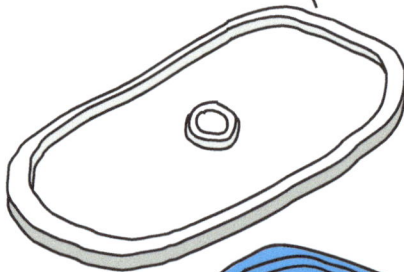

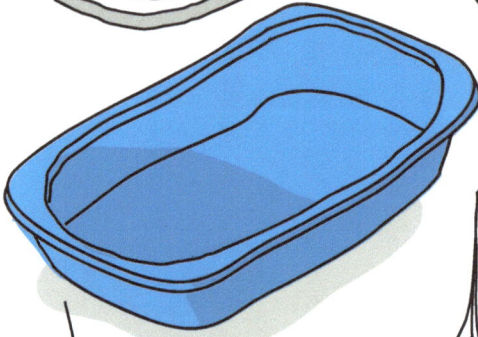

Субстрат
для рассады

Я предпочитаю
тот, что изготовлен
из кокосового
волокна.

ИЗ САДОВОДЧЕСКОГО МАГАЗИНА

Отборные

семена

ТРУФАСТ
контейнер для хранения
300.914.14

Качество семян имеет
большое значение.
Постарайтесь купить
лучшие из доступных.

Сетчатый
горшочек

ИНСТРУМЕНТЫ

5 ML

УДОБРЕНИЕ

50

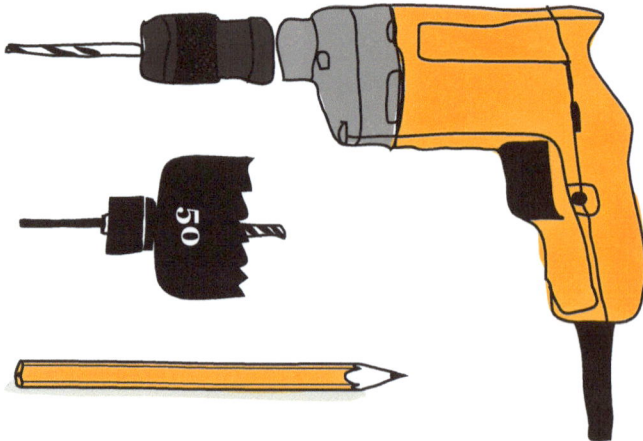

Спросите в магазине
питательные растворы для
гидропоники и попробуйте
разные варианты.

1 ПОДГОТОВКА КОНТЕЙНЕРОВ

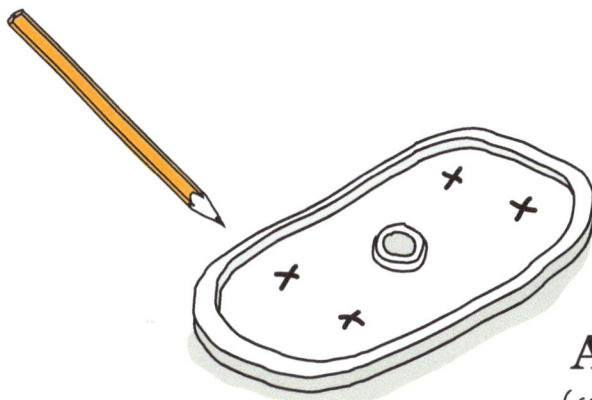

A

Сделайте четыре отметки на крышке ТРУФАСТ.

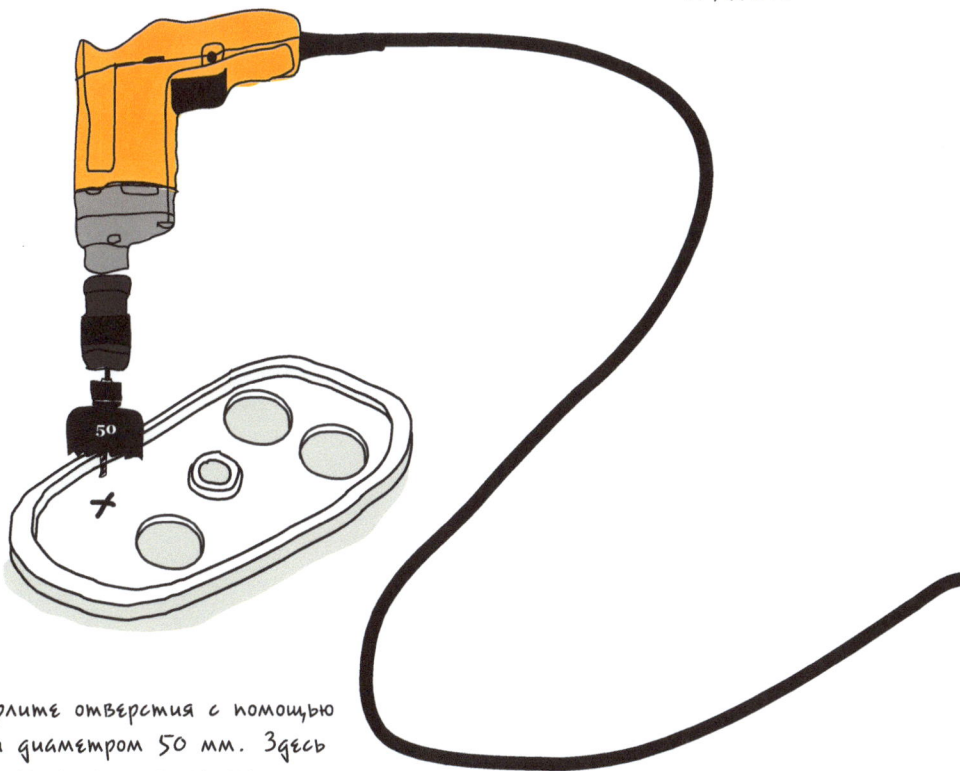

B

Просверлите отверстия с помощью коронки диаметром 50 мм. Здесь будут размещены сетчатые горшочки для ЭЛИООО #4.

2 УСТАНОВКА ГОРШКОВ

А Заполните контейнер ТРУФАСТ раствором удобрений с водой — правильные пропорции ищите на упаковке. Уровень воды в контейнере должен быть таковым, чтобы корни саженцев лишь слегка касались воды.

Понадобится около двух литров раствора.

САЖЕНЕЦ

КЕРАМЗИТ

В

Возьмите саженец полюбившейся вам пряной травы — этот вид растений идеально подходит для системы ЭЛИООО #4 — и поместите его в сетчатый горшочек. Заполните керамзитом щели.

СЕТЧАТЫЙ ГОРШОЧЕК

С

Опустите сетчатые горшочки с саженцами в отверстия и готовьтесь наблюдать за ростом пряных трав на вашей кухне.

66

3 ВРЕМЯ СБОРА УРОЖАЯ

A После пересадки саженцев их корни начнут расти как в воду, так и в воздух в зависимости от того, сколько кислорода им понадобится.

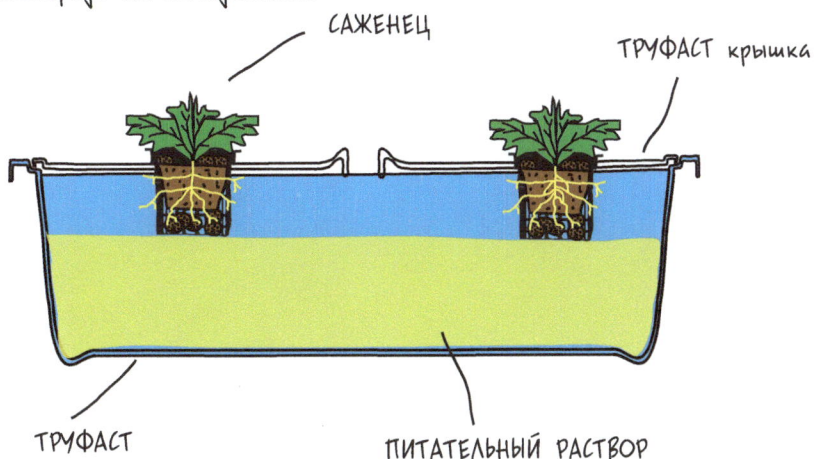

СAЖЕНЕЦ

ТРУФАСТ крышка

ТРУФАСТ

ПИТАТЕЛЬНЫЙ РАСТВОР

B Растения постепенно «выпьют» весь раствор. Когда он закончится, настанет время сбора урожая. Я советую вам черенковать растения перед финальным сбором для того, чтобы иметь возможность тут же заменить растения в системе.

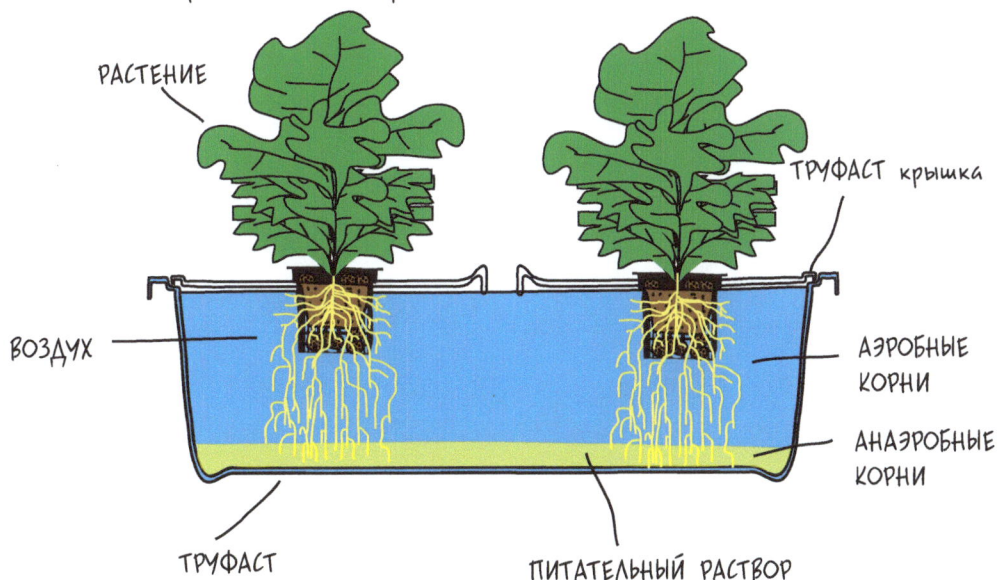

РАСТЕНИЕ

ТРУФАСТ крышка

ВОЗДУХ

АЭРОБНЫЕ КОРНИ

АНАЭРОБНЫЕ КОРНИ

ТРУФАСТ

ПИТАТЕЛЬНЫЙ РАСТВОР

67

C

Вы также можете постепенно добавлять питательный раствор.
Главное, не забывайте оставлять достаточно места и для воздуха.
Растения будут самостоятельно развивать аэробные корни,
поэтому важно помаленьку добавлять раствор в контейнер.

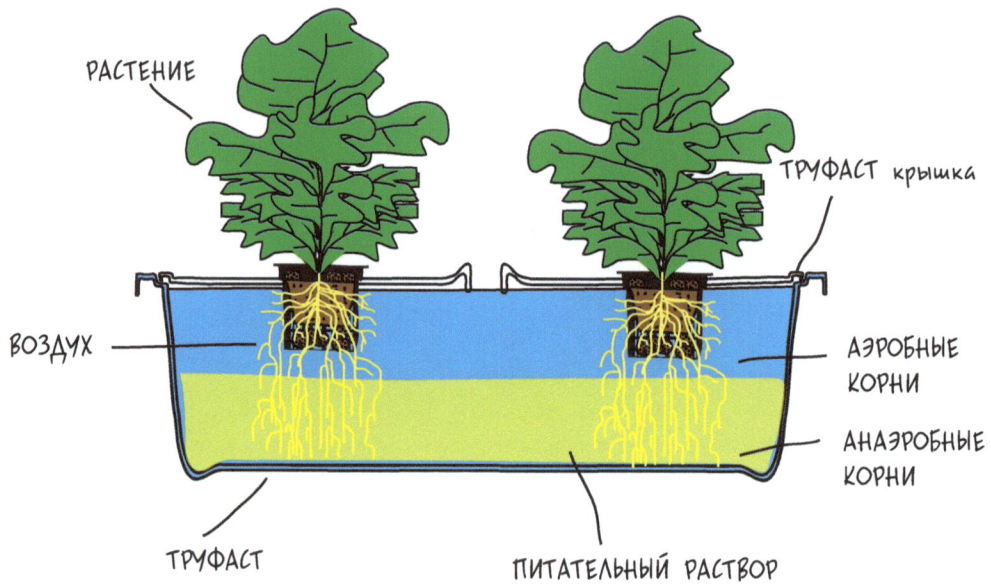

РАСТЕНИЕ

ТРУФАСТ крышка

ВОЗДУХ

АЭРОБНЫЕ
КОРНИ

АНАЭРОБНЫЕ
КОРНИ

ТРУФАСТ

ПИТАТЕЛЬНЫЙ РАСТВОР

В этой модели растениям нужно периодически подливать воду.
Другие модели системы вовсе не нуждаются в поливе.
Растение будет самостоятельно расти и адаптироваться
к доступным ему раствору и воздуху.

4 ЭЛИООО #4
НАСТЕННАЯ УСТАНОВКА

С использованием обыкновенных дюбелей система ЭЛИООО #4
может быть преобразована в вертикальный настенный сад.

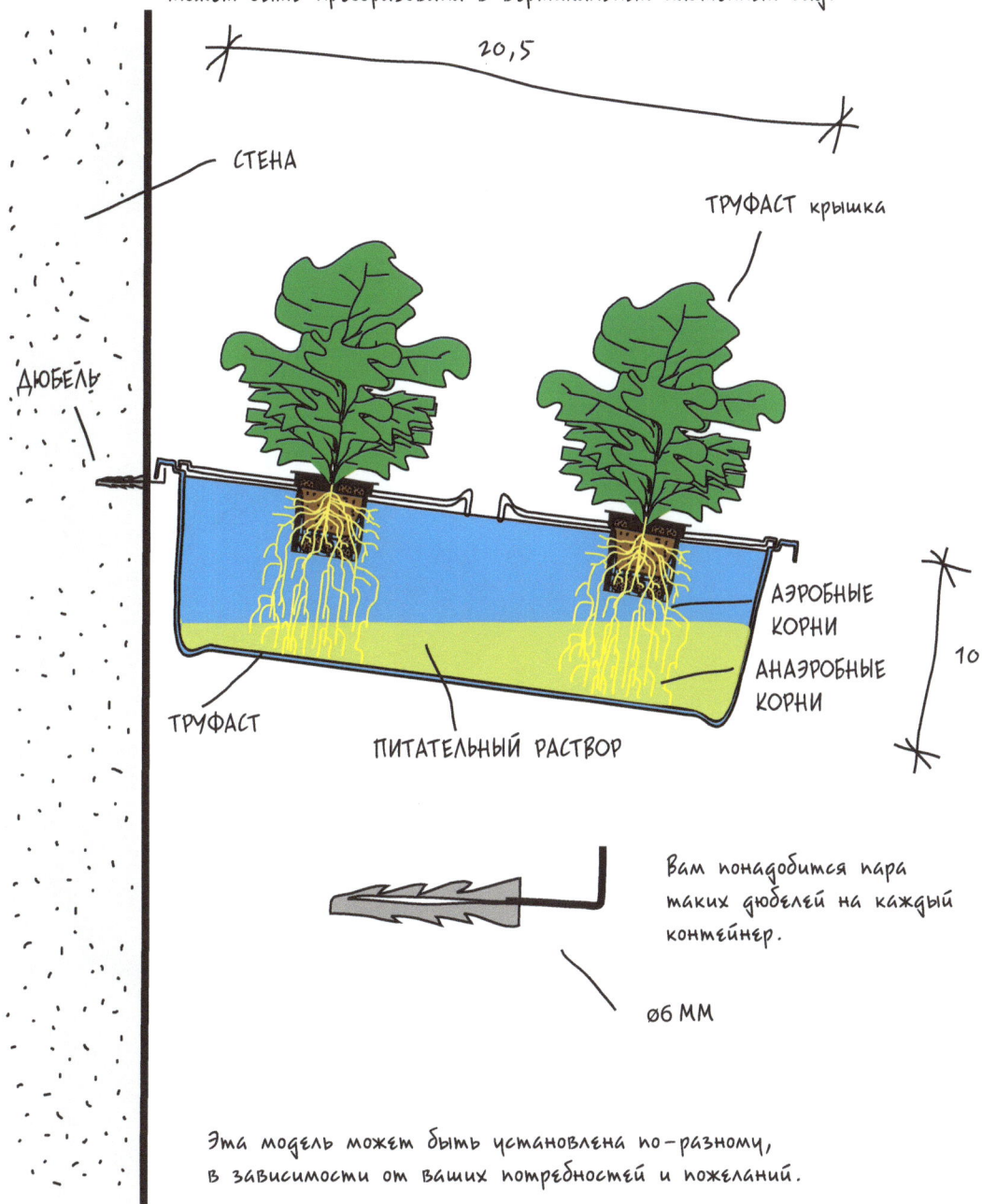

20,5

СТЕНА

ТРУФАСТ крышка

ДЮБЕЛЬ

АЭРОБНЫЕ
КОРНИ

АНАЭРОБНЫЕ
КОРНИ

10

ТРУФАСТ

ПИТАТЕЛЬНЫЙ РАСТВОР

Вам понадобится пара
таких дюбелей на каждый
контейнер.

ø6 ММ

Эта модель может быть установлена по-разному,
в зависимости от ваших потребностей и пожеланий.

ЭЛИООО #4 свободная настенная установка

ЭЛИООО #8

ЭЛИООО #8 — это простая модель, идеально подходящая для выращивания пряных трав на кухне, а также в офисе или где бы то ни было. Разместите ее на солнечном подоконнике или под обыкновенной неоновой лампой. ЭЛИООО #8 также может быть установлена на стене как вертикальная садовая система.

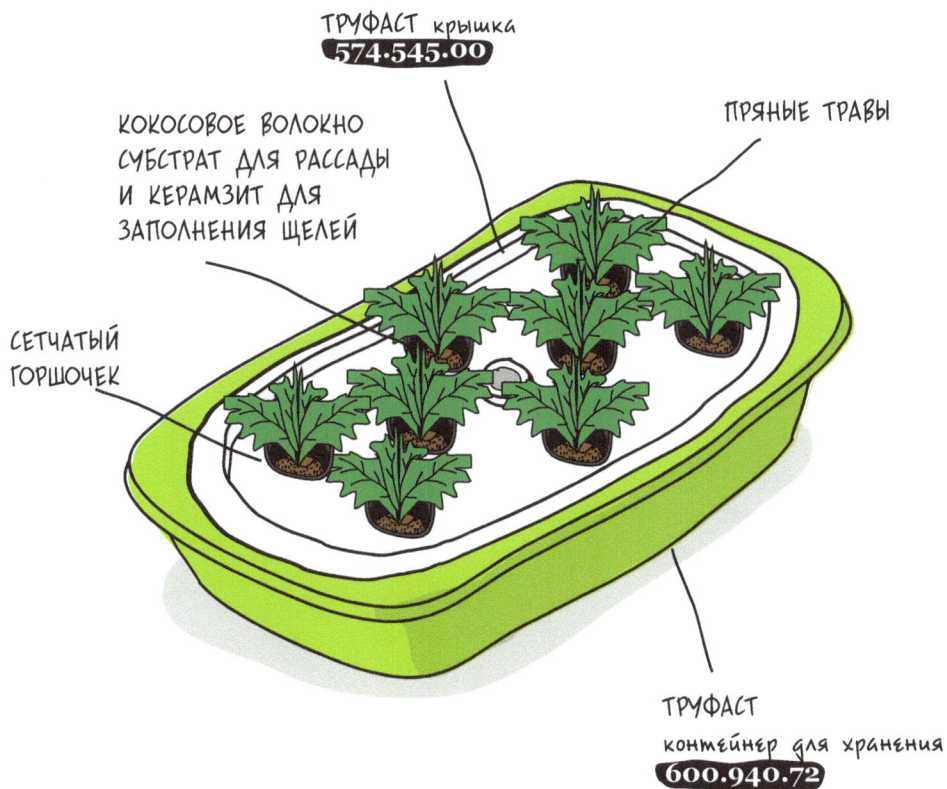

ТРУФАСТ крышка
574.545.00

КОКОСОВОЕ ВОЛОКНО СУБСТРАТ ДЛЯ РАССАДЫ И КЕРАМЗИТ ДЛЯ ЗАПОЛНЕНИЯ ЩЕЛЕЙ

ПРЯНЫЕ ТРАВЫ

СЕТЧАТЫЙ ГОРШОЧЕК

ТРУФАСТ
контейнер для хранения
600.940.72

ЭЛИООО #8:
ВСЕ НЕОБХОДИМОЕ

ИЗ ИКЕИ

ТРУФАСТ крышка
574·545·00

Керамзит

ТРУФАСТ
контейнер для хранения
600·940·72

5 ML

УДОБРЕНИЕ

Существует много разных типов.
Попросите помощи в садоводческом магазине
в выборе питательного раствора для гидропоники.

Отборные семена

Качество семян
играет важную роль.
Постарайтесь
приобрести
лучшие из доступных.

Сетчатый
горшочек

Субстрат
для рассады
Я предпочитаю тот,
что изготовлен из
кокосового волокна.

72

ИНСТРУМЕНТЫ

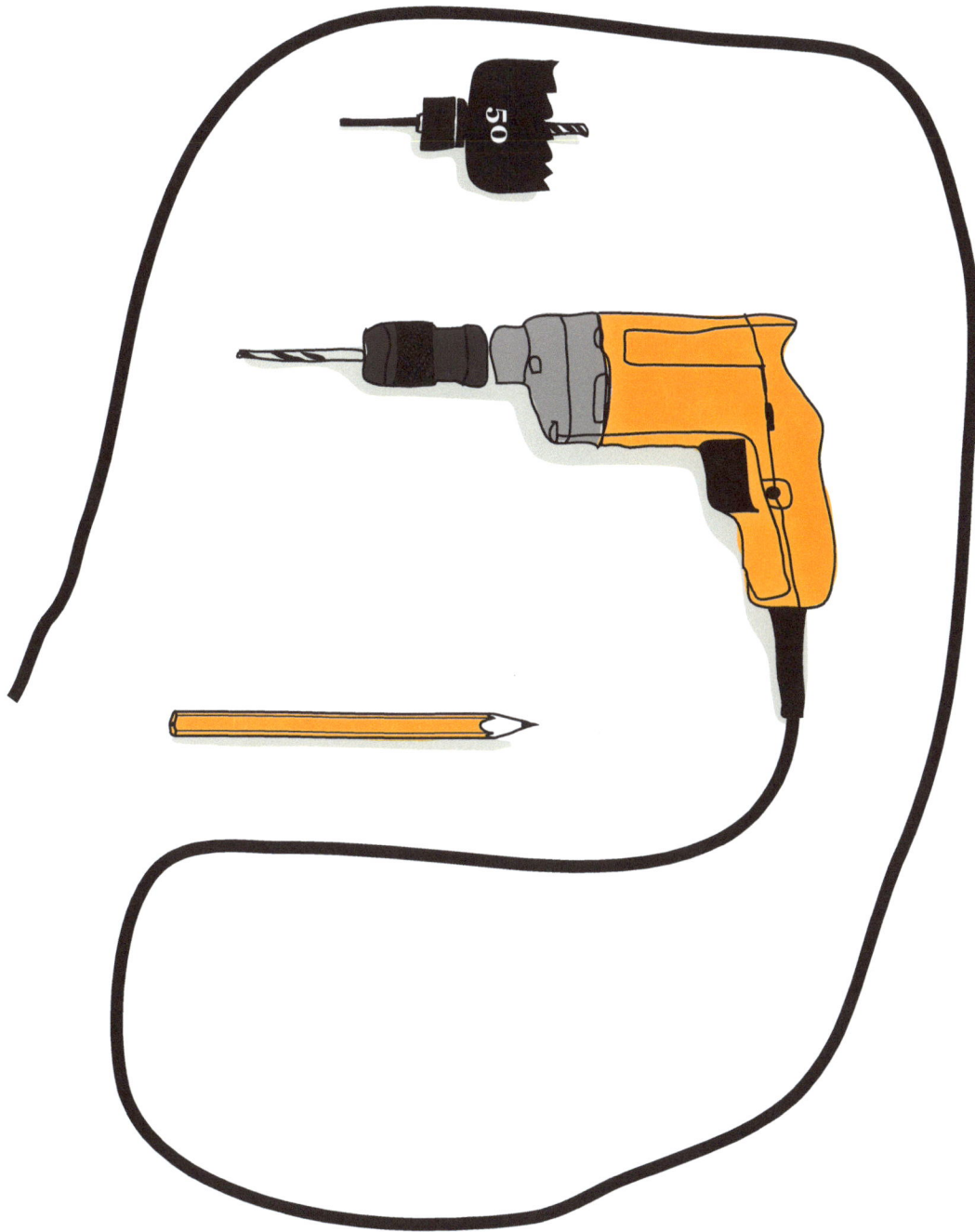

1 ПОДГОТОВКА КОНТЕЙНЕРОВ

A

Сделайте восемь отметок карандашом на крышке ТРУФАСТ.

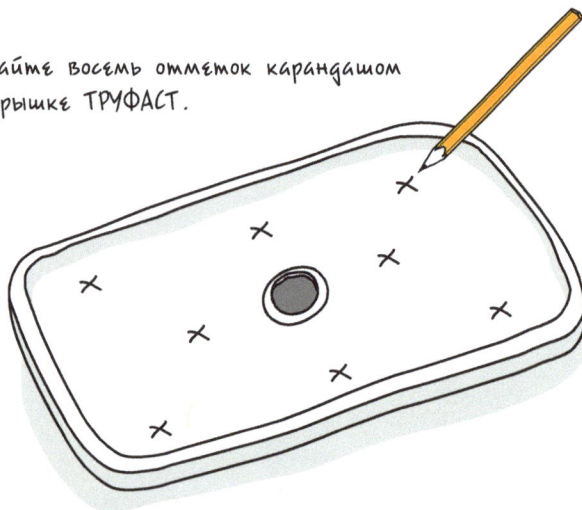

B

Просверлите отверстия с помощью коронки диаметром 50 мм. Здесь будут размещены сетчатые горшочки для ЭЛИООО #8.

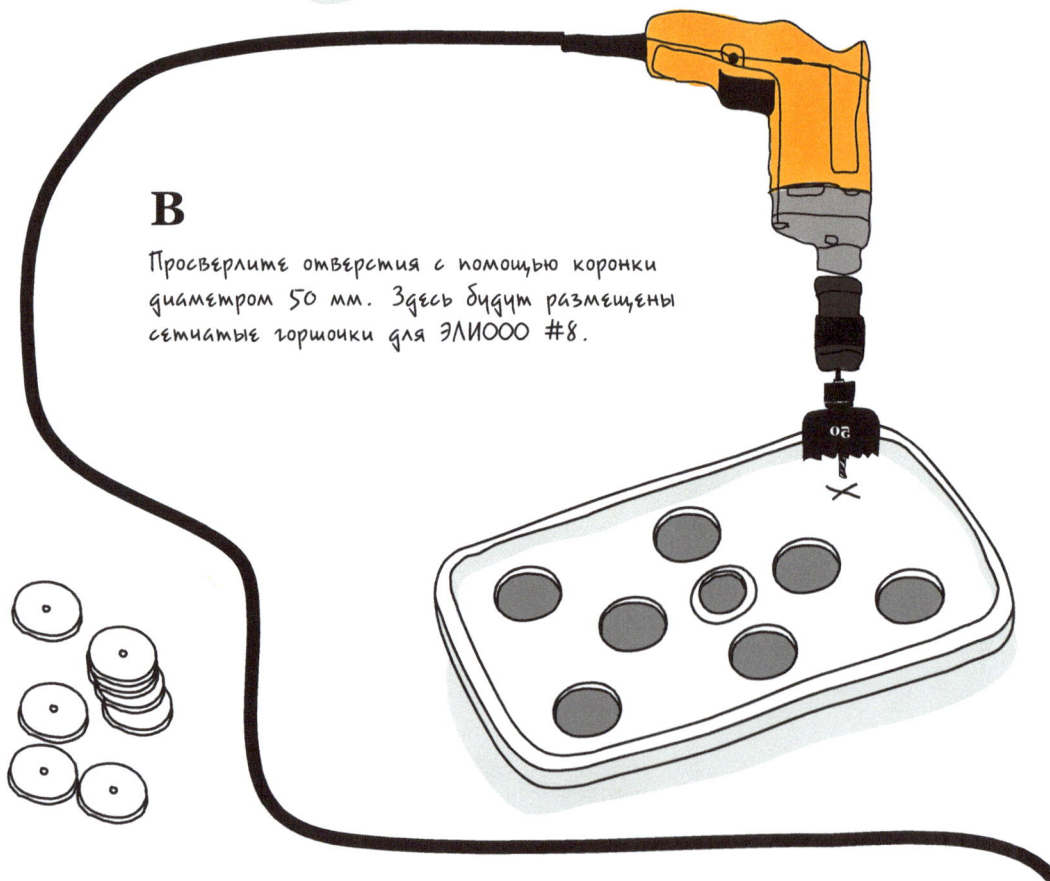

2 УСТАНОВКА ГОРШКОВ

A

Заполните контейнер ТРУФАСТ правильно приготовленным питательным раствором. Обратите внимание на то, что уровень жидкости в контейнере должен быть таким, чтобы корни лишь слегка касались раствора. Система ЭЛИООО #8 примерно рассчитана на 4,2 литра воды. Однако замерьте объем контейнера, поскольку количество жидкости может измениться в зависимости от размера сетчатых горшочков.

5.4

5.00

B

Пересадите саженец
в сетчатый горшочек.
Воспользуйтесь керамзитом
для заполнения щелей.

САЖЕНЕЦ

КЕРАМЗИТ

СЕТЧАТЫЙ ГОРШОЧЕК

C

Опустите сетчатые горшочки
в отверстия и получайте
удовольствие, наблюдая за ростом
ваших собственных пряных трав.

3 ЭЛИООО #8
НАСТЕННАЯ УСТАНОВКА

С использованием обыкновенных дюбелей, а также мячиков для настольного тенниса, система ЭЛИООО #8 может быть установлена как вертикальный настенный сад.

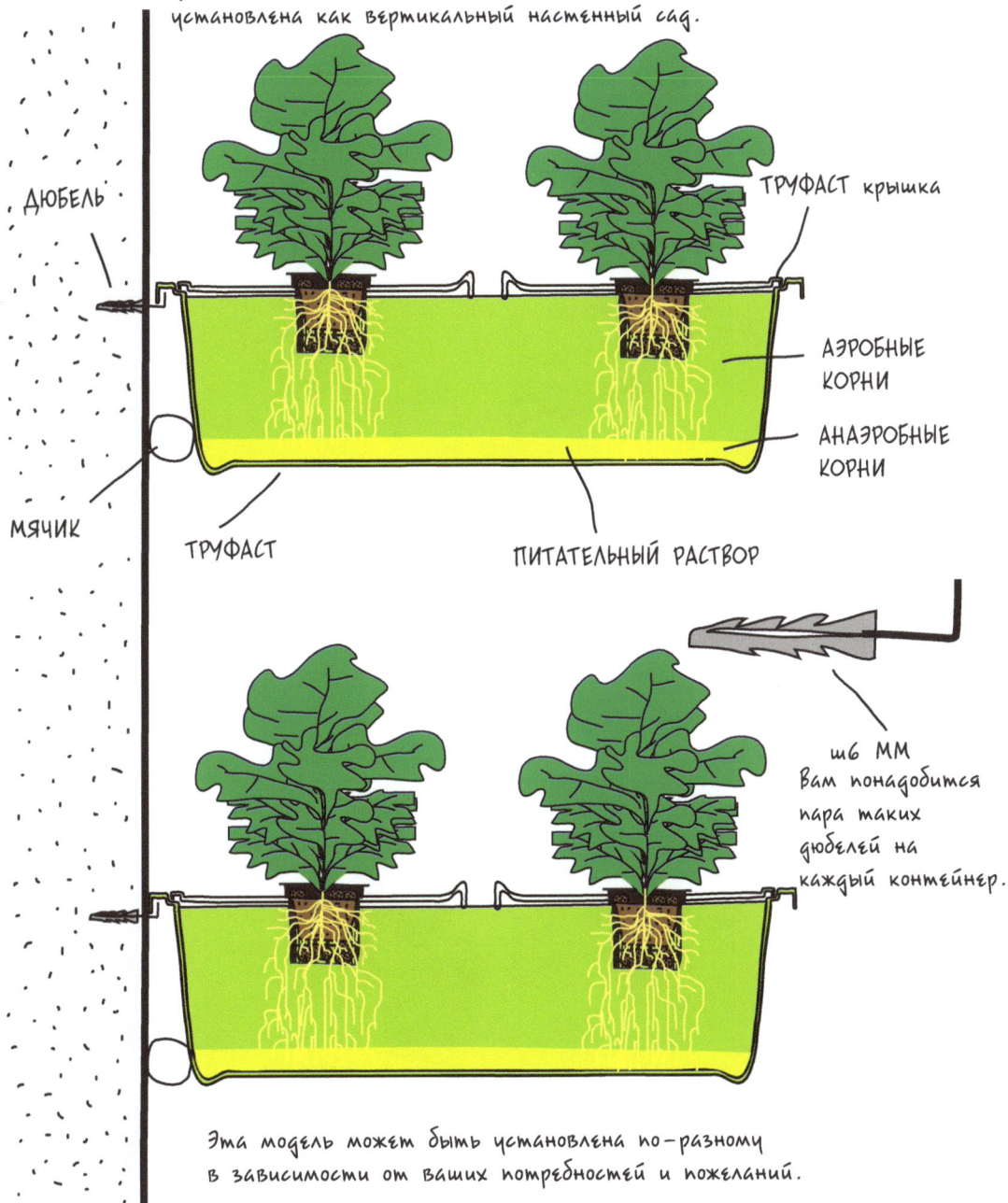

ДЮБЕЛЬ

ТРУФАСТ крышка

АЭРОБНЫЕ КОРНИ

АНАЭРОБНЫЕ КОРНИ

МЯЧИК

ТРУФАСТ

ПИТАТЕЛЬНЫЙ РАСТВОР

ш6 ММ
Вам понадобится пара таких дюбелей на каждый контейнер.

Эта модель может быть установлена по-разному в зависимости от ваших потребностей и пожеланий.

ЧТО ДАЛЬШЕ

23

A Поставьте две отметки на стене на расстоянии 23 см друг от друга.

B Сделайте отверстие в стене с помощью сверла диаметром 6 мм.

C Вставьте дюбель диаметром 6 мм в только что просверленное отверстие (прим. пер. выбирайте тип крепления согласно несущему материалу стены).

D Вверните винт с Г-образным крючиком в дюбель.

E Подвесьте ЭЛИООО #8 на стену, и повторите эту процедуру с остальными контейнерами для создания эффекта вертикального сада.

Если вы хотите сохранить
контейнеры в строго горизонтальном
положении, то подложите мячик
для настольного тенниса между
стеной и контейнером.

Или же позвольте контейнерам
опираться на стену так, как это
было продемонстрировано
в случае с ЭЛИООО #4.

ЭЛИООО #DESK

Стол ЭЛИООО умещает до восьми горшков с растениями. Он идеально подходит для выращивания пряных трав и листовых овощей прямо на вашем рабочем месте. Такой стол сделан из больших резервуаров, подвешенных в столешнице, специально спроектированной для ЭЛИООО #8. Нижняя часть одного из резервуаров может быть использована в качестве хранилища для инструментов.

СТОЛ ЭЛИООО. ВСЕ НЕОБХОДИМОЕ

ИЗ ИКЕИ:

ТРУФАСТ
КОНТЕЙНЕР ДЛЯ ХРАНЕНИЯ
200.892.42

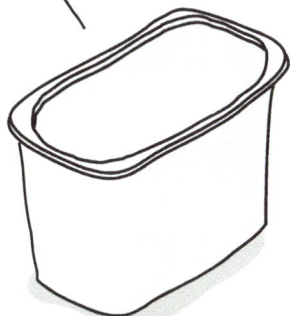

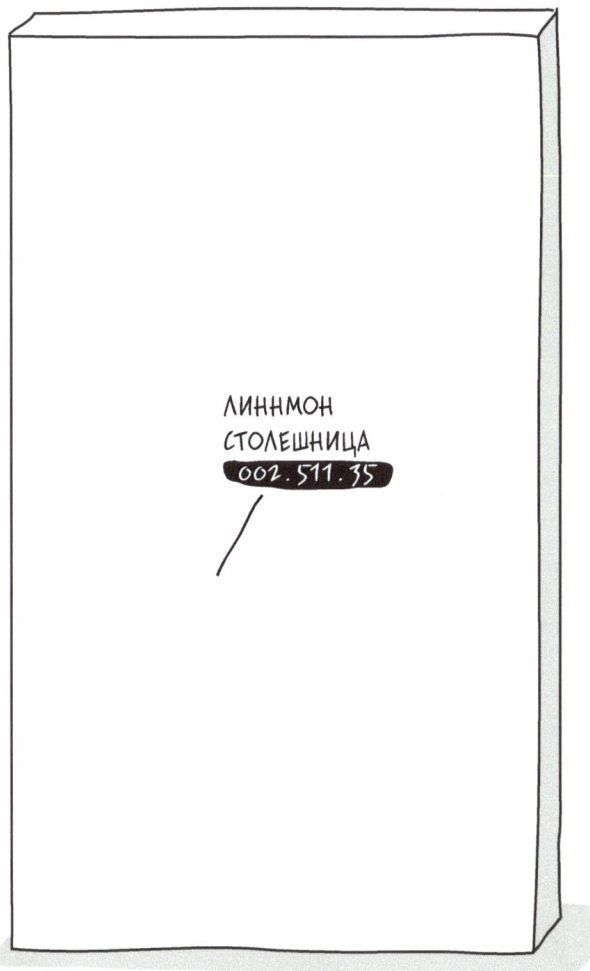

ТРУФАСТ
КОНТЕЙНЕР ДЛЯ ХРАНЕНИЯ
200.892.42

ЛИННМОН
СТОЛЕШНИЦА
002.511.35

ТРУФАСТ КРЫШКА
574.545.00

ТРУФАСТ
КОНТЕЙНЕР ДЛЯ ХРАНЕНИЯ
600.940.72

ТРУФАСТ
КОНТЕЙНЕР ДЛЯ ХРАНЕНИЯ
200.892.42

ИЗ САДОВОДЧЕСКОГО МАГАЗИНА

УДОБРЕНИЕ

5 ML

КЕРАМЗИТ

Существуют разные типы удобрений. Обратитесь за советом в выборе питательного раствора для гидропоники в садоводческий магазин.

СУБСТРАТ ДЛЯ РАССАДЫ

Я предпочитаю тот, что изготовлен из кокосового волокна.

Качество семян играет решающую роль. Постарайтесь приобрести лучшие из вам доступных.

Отборные семена

СЕТЧАТЫЙ ГОРШОЧЕК

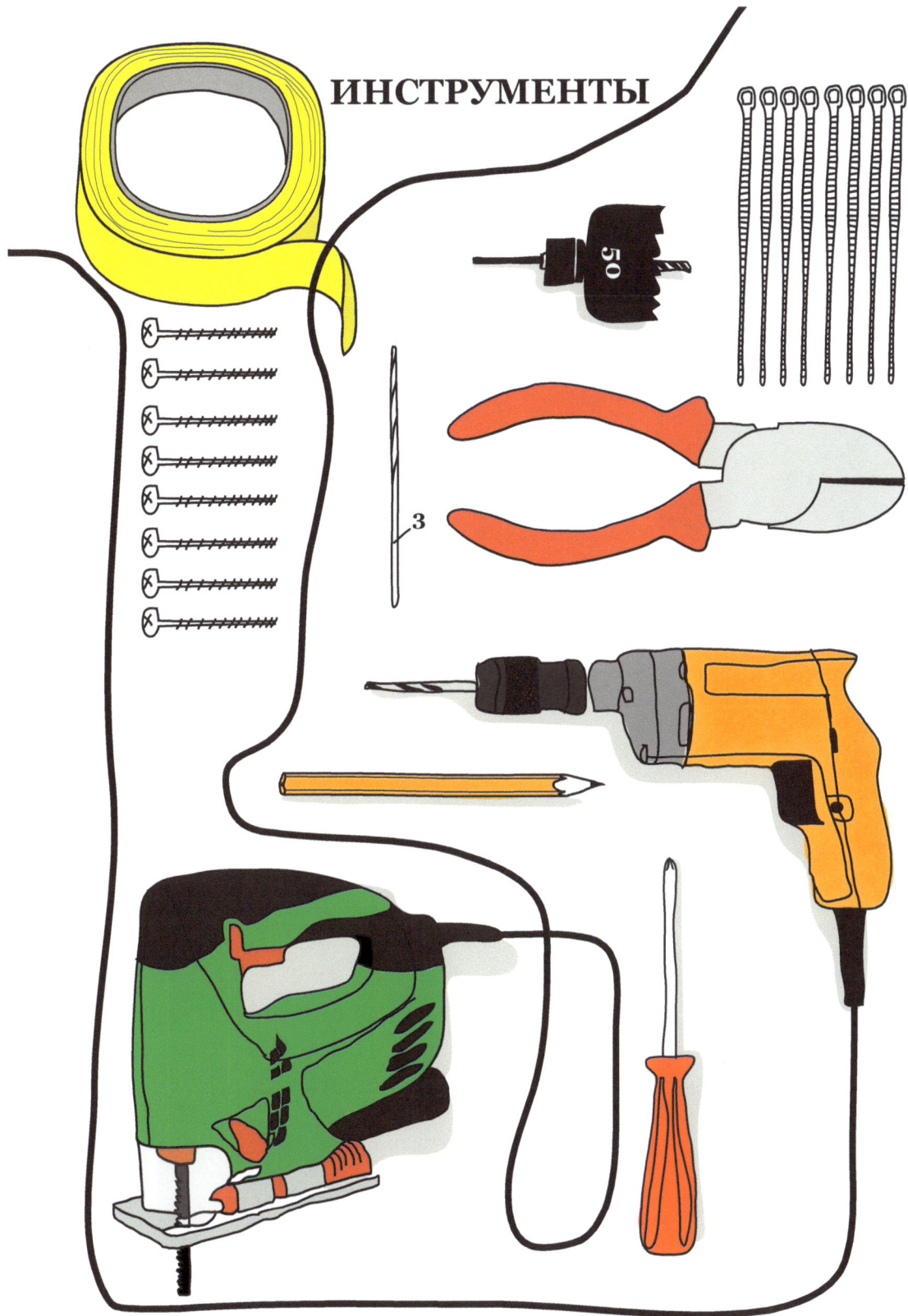

ИНСТРУМЕНТЫ

1 ПОДГОТОВКА СТОЛЕШНИЦЫ

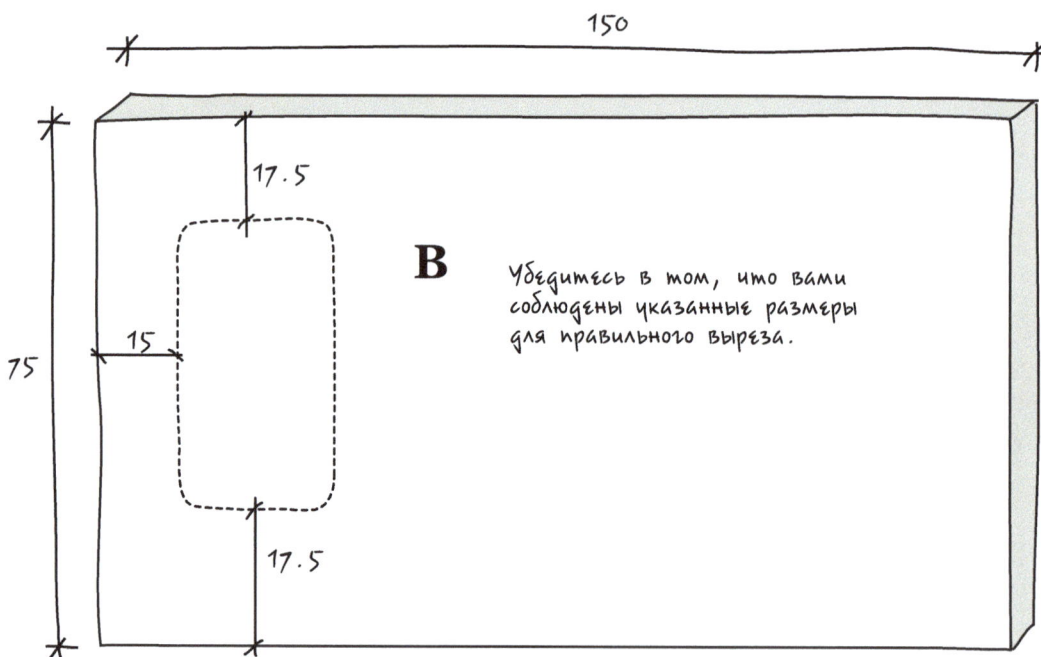

A Возьмите крышку ТРУФАСТ и карандашом обведите ее контур по столешнице.

150

17.5

75

15

B Убедитесь в том, что вами соблюдены указанные размеры для правильного выреза.

17.5

C Карандашом поправьте контуры углов,
как бы заостряя их. Это важно
для того, чтобы контейнер ТРУФАСТ
подошел по размеру к столешнице.
Если углы будут неправильно выверены,
вы сразу это заметите. Но не волнуйтесь,
у вас будет возможность все поправить.
Вырез должен быть скрыт под контейнером.

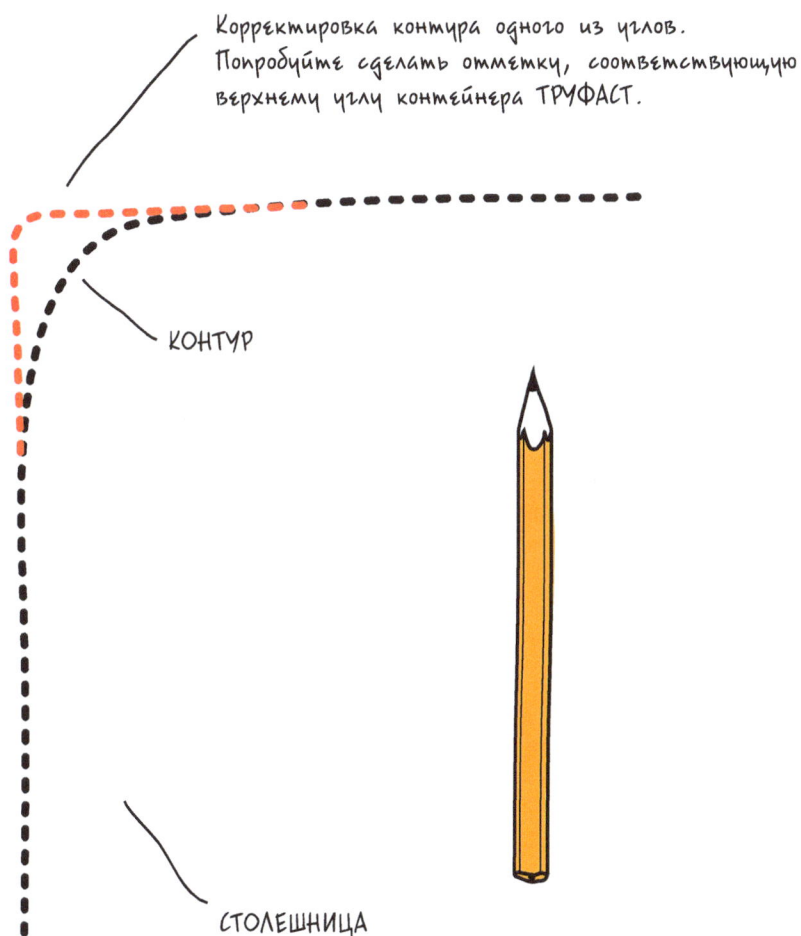

Корректировка контура одного из углов.
Попробуйте сделать отметку, соответствующую
верхнему углу контейнера ТРУФАСТ.

КОНТУР

СТОЛЕШНИЦА

D Возьмите дрель и просверлите отверстие диаметром 50 мм с помощью соответствующей коронки. Это позволит вам начать распиливать столешницу электрическим лобзиком.

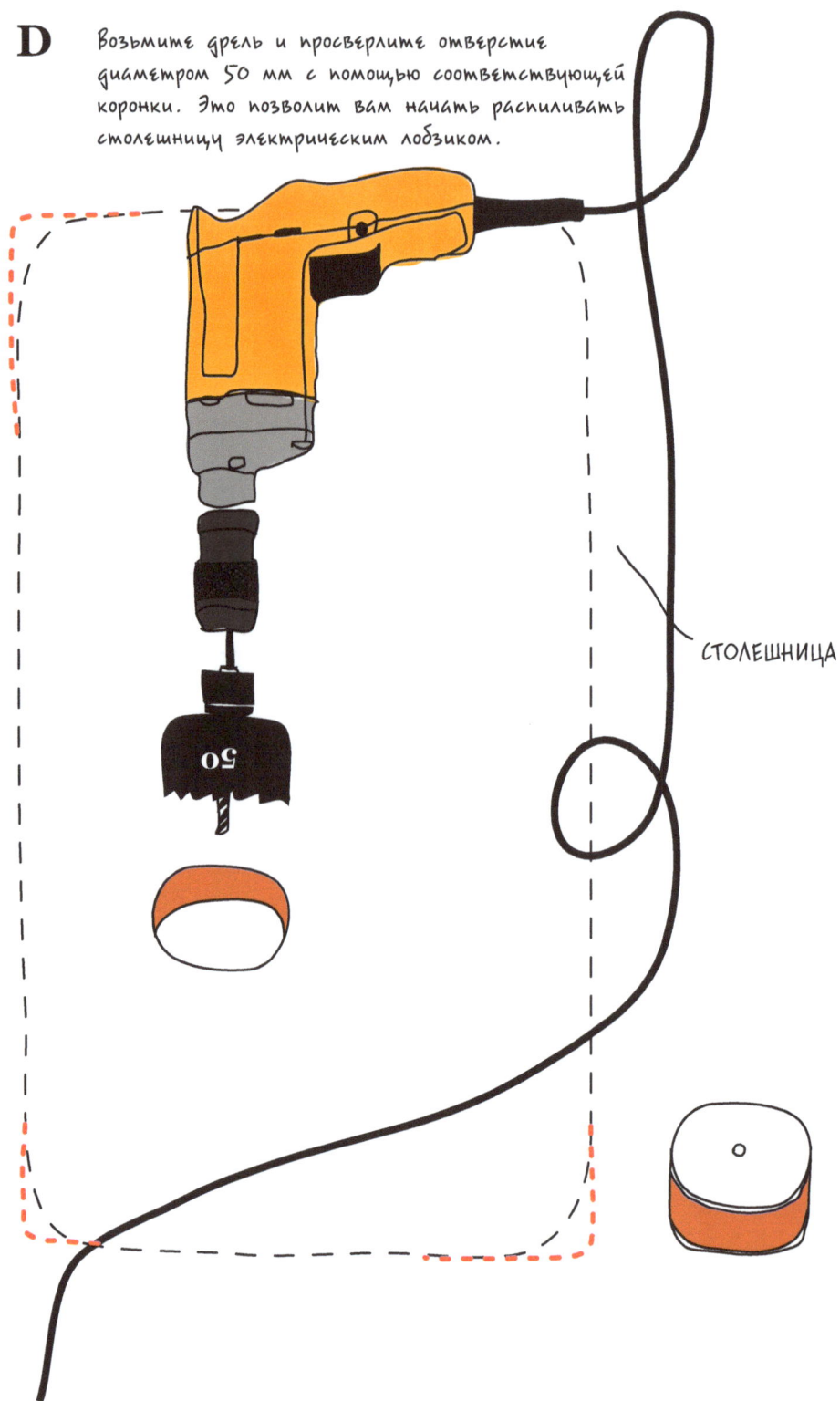

50

СТОЛЕШНИЦА

E Включите электрический лобзик и начинайте резать по проведённой линии.
Не спешите и, пожалуйста, будьте осторожны в использовании этого опасного инструмента.

СТОЛЕШНИЦА

F ПОЗДРАВЛЯЮ ВАС!
Вырез готов. Посмотрите, какая отличная работа!

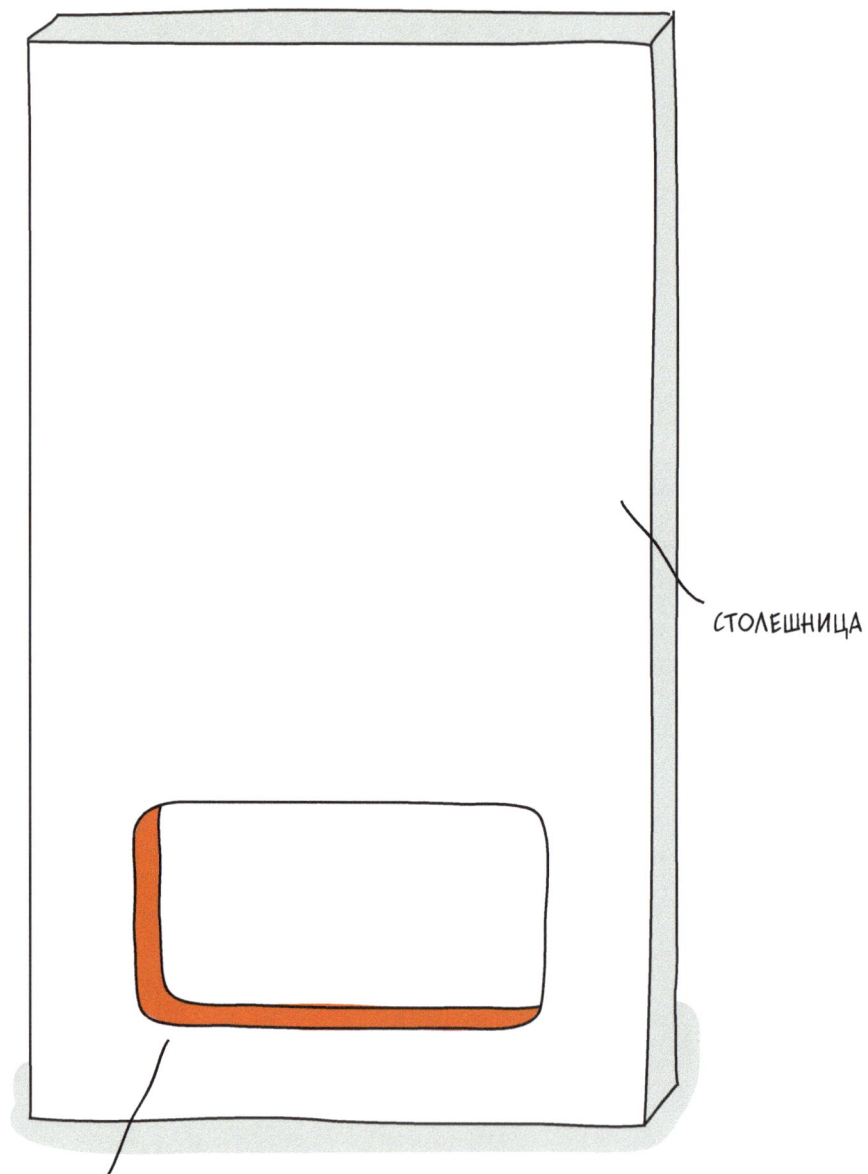

СТОЛЕШНИЦА

Даже если вырез несколько груб,
это не имеет значения. Его все равно никто не увидит.

2 ПОДГОТОВКА ОПОРЫ

A

Поставьте контейнеры ТРУФАСТ (те, что выше) друг на друга.

Чтобы контейнеры не разъезжались, они должны быть прикреплены друг к другу кабельными стяжками.

Этом контейнер будет соединяться со столешницей.

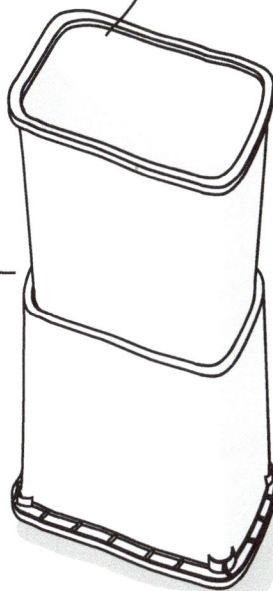

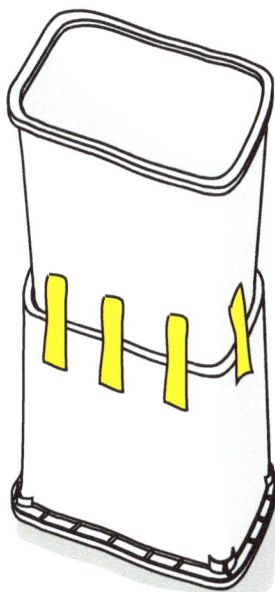

B

Воспользуйтесь изолентой, чтобы контейнеры находились в правильной позиции, пока вы просверливаете в них отверстия. Уберите изоленту после проделанной работы.

C Поставьте контейнеры друг на друга и сделайте три пары отметок как показано на рисунке.

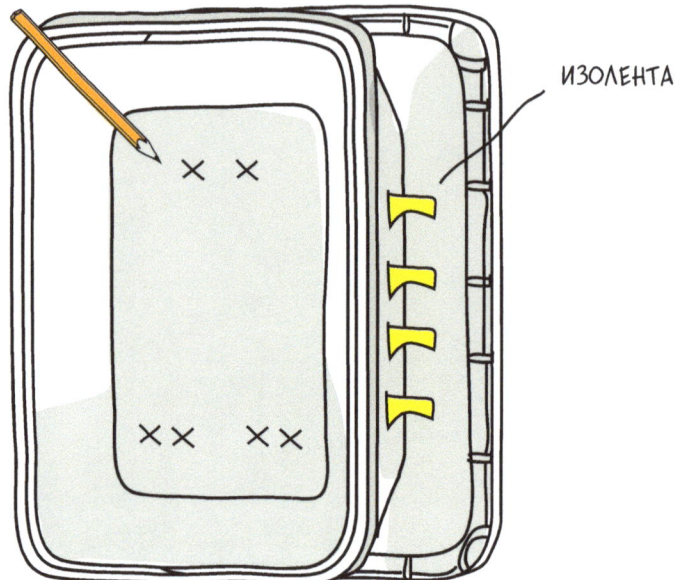

ИЗОЛЕНТА

D Когда контейнеры зафиксированы, начинайте просверливать отверстия. Вам нужно будет просверливать одновременно два контейнера, поэтому очень важно, чтобы они оставались неподвижны. Отверстия должны совпадать.

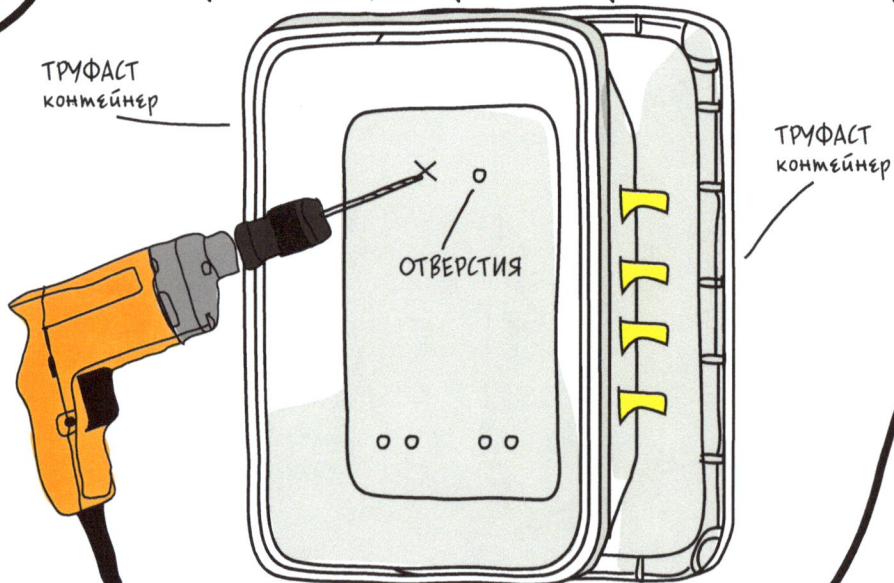

ТРУФАСТ
контейнер

ОТВЕРСТИЯ

ТРУФАСТ
контейнер

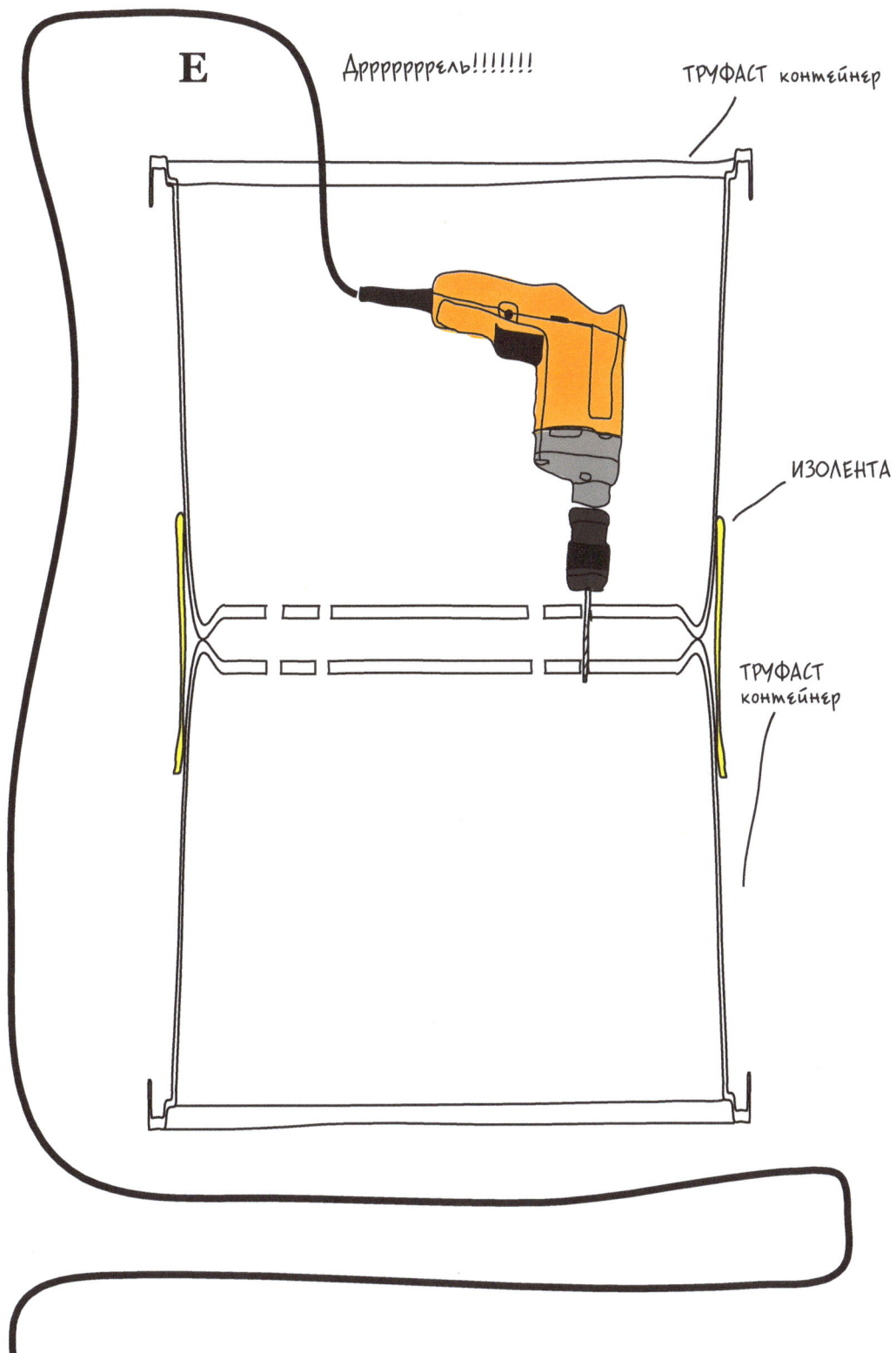

F   Теперь зафиксируйте контейнеры с помощью кабельных стяжек и затяните их крепко. Этот процесс немного утомителен, но он работает. Будьте терпеливы.

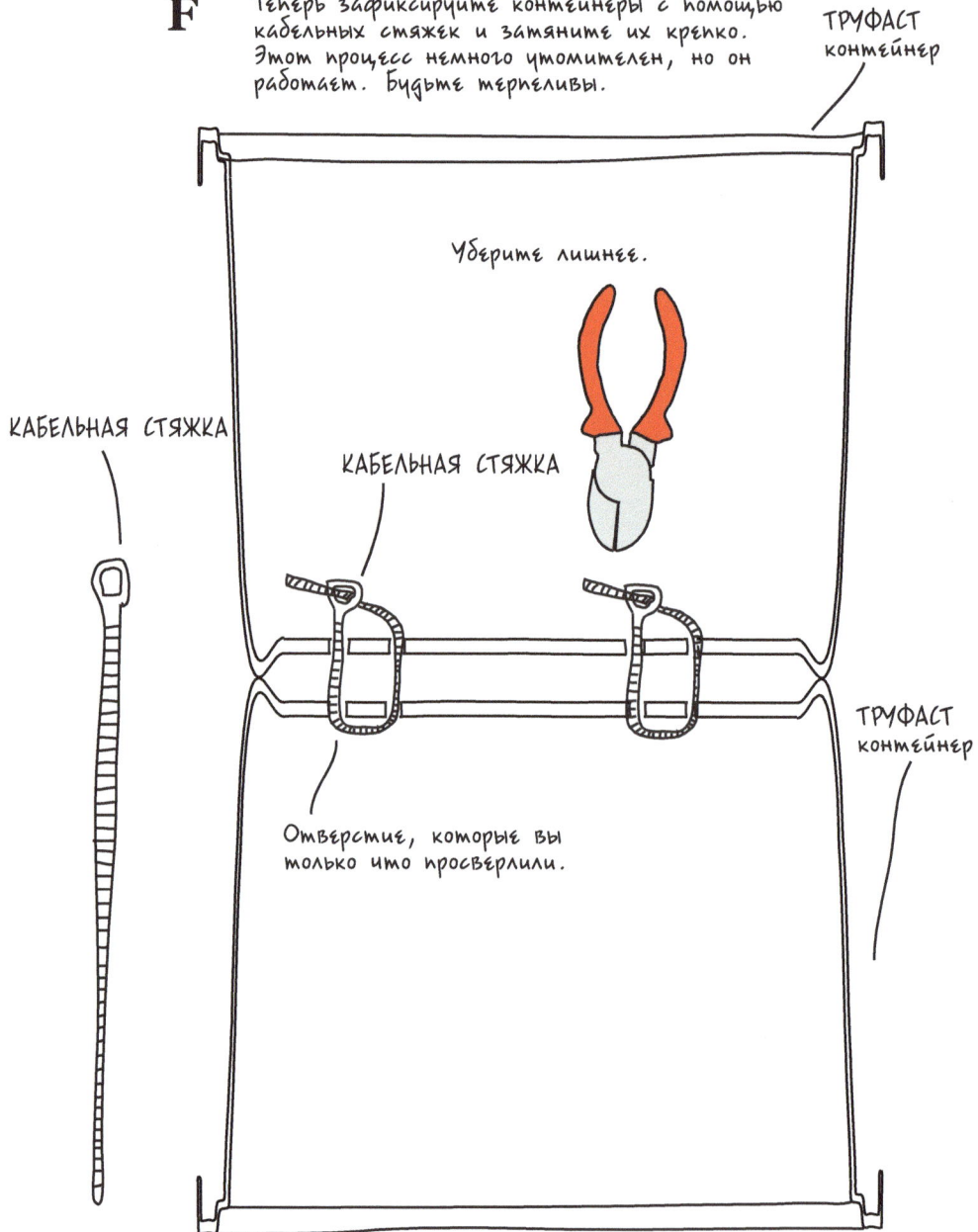

ТРУФАСТ контейнер

Уберите лишнее.

КАБЕЛЬНАЯ СТЯЖКА

КАБЕЛЬНАЯ СТЯЖКА

ТРУФАСТ контейнер

Отверстие, которые вы только что просверлили.

F   Проделайте то же самое с другой парой контейнеров.

3 УСТАНОВКА СТОЛЕШНИЦЫ

Теперь пришло время зафиксировать столешницу на опорах.

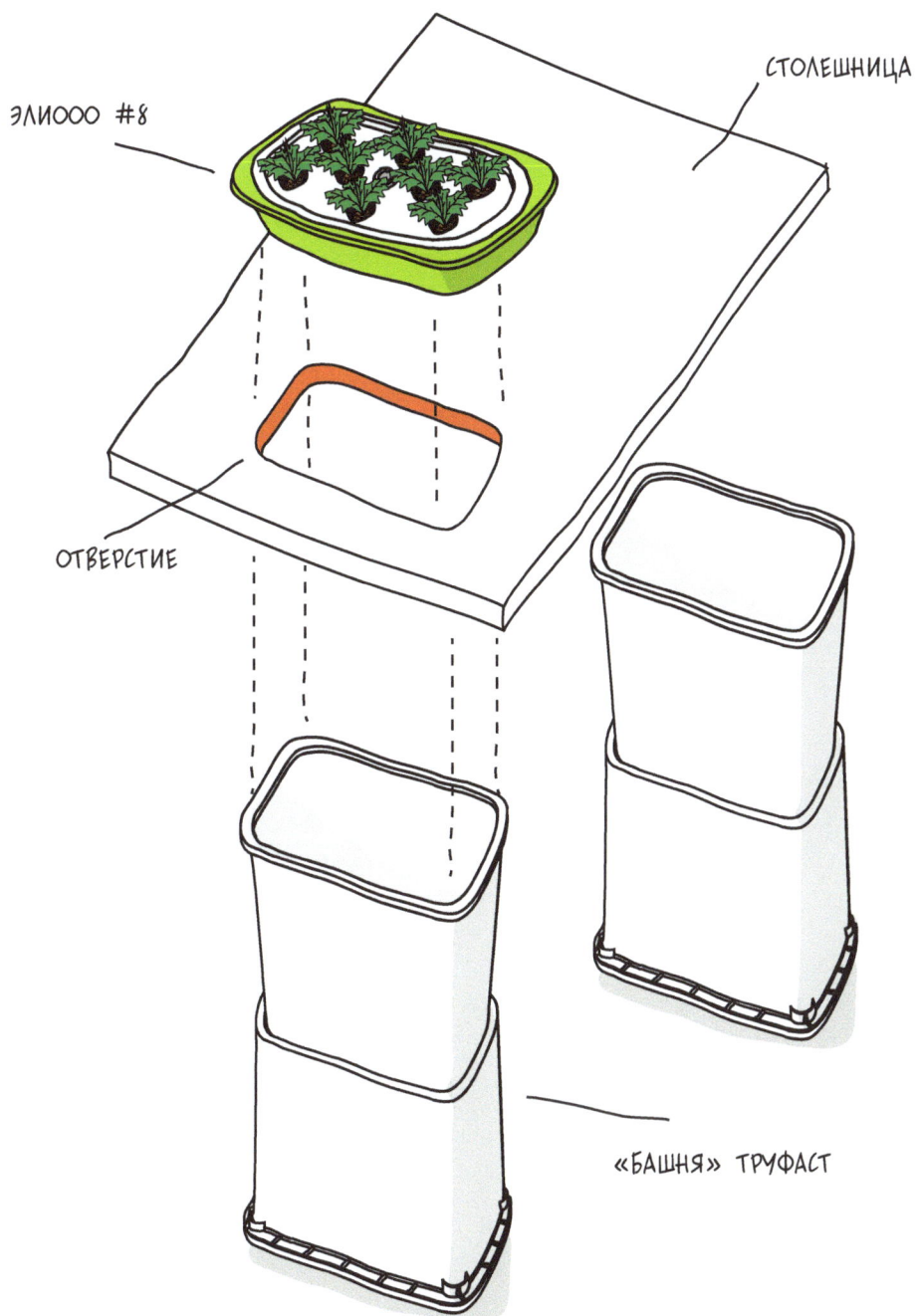

ЭЛИООО #8

СТОЛЕШНИЦА

ОТВЕРСТИЕ

«БАШНЯ» ТРУФАСТ

A Разместите «башню» ТРУФАСТ под столешницей.
Грани контейнера не должны быть видны сверху через
прорезанное в столешнице отверстие.

Прежде чем зафиксировать конструкцию,
перейдем к стадии «Б».

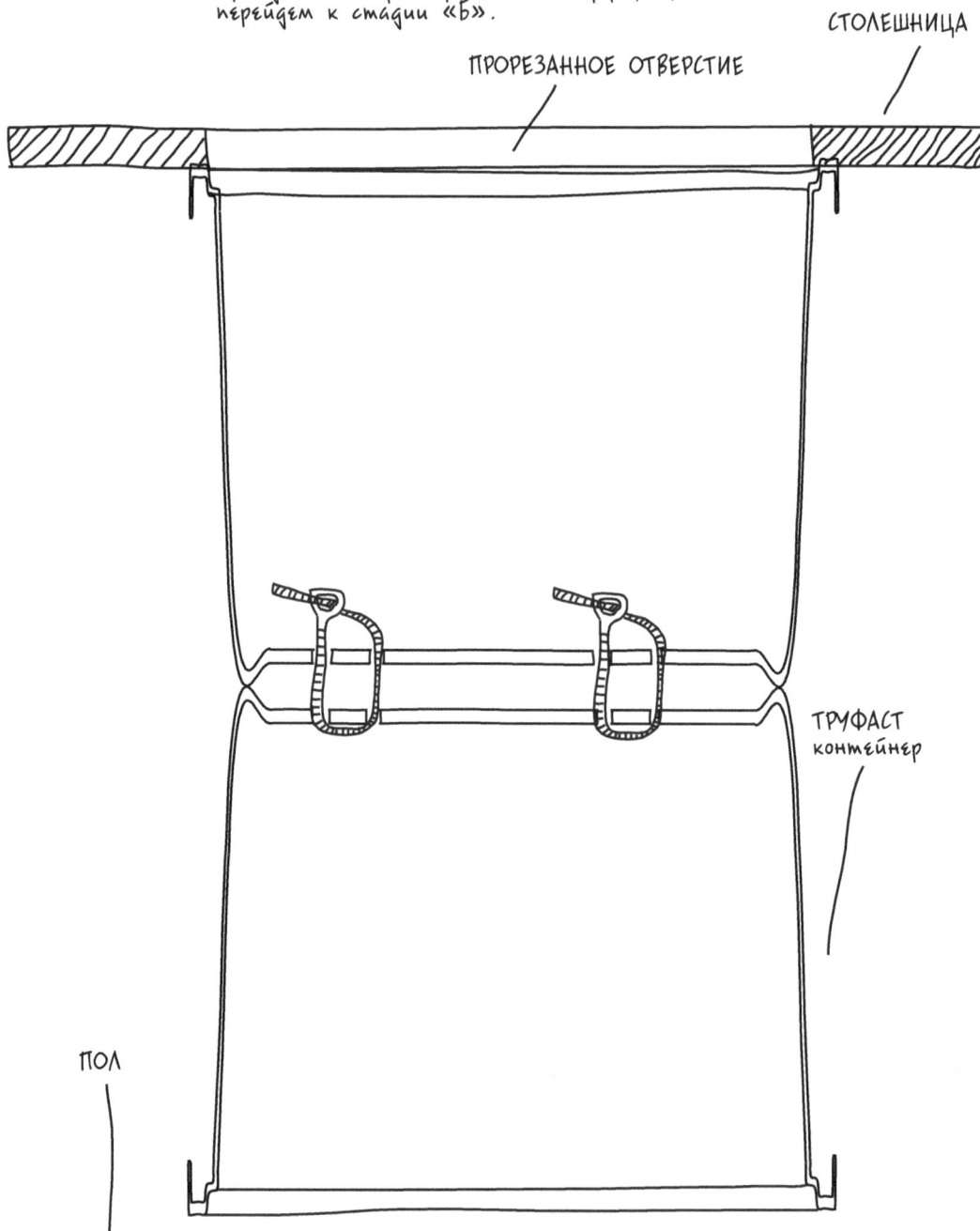

СТОЛЕШНИЦА

ПРОРЕЗАННОЕ ОТВЕРСТИЕ

ТРУФАСТ
контейнер

ПОЛ

B Убедитесь в том, что ЭЛИООО #8 подходит по размерам. Грани контейнера должны накрывать грубый разрез в дереве. Вы всегда сможете приподнять ЭЛИООО #8, а свободное место под системой можно использовать для хранения необходимых инструментов.

Вы всегда сможете поднять систему.

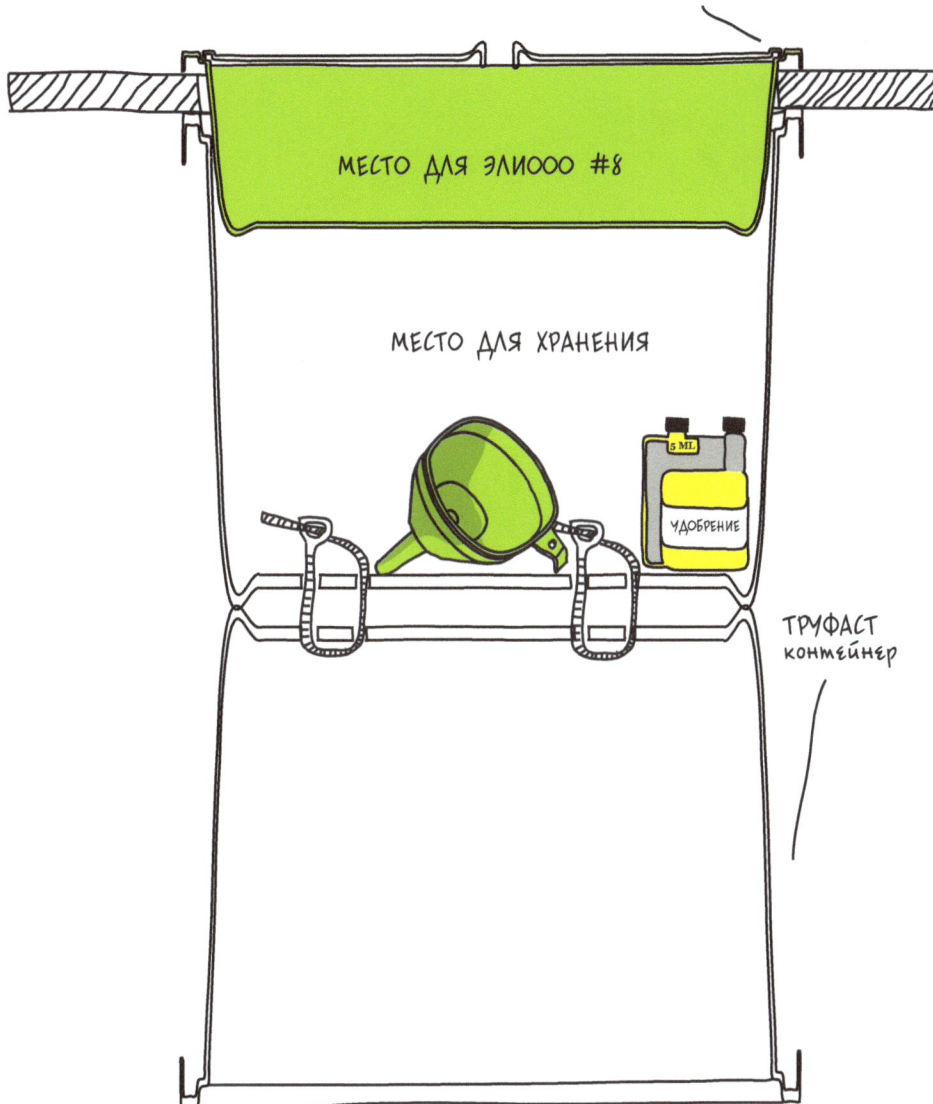

МЕСТО ДЛЯ ЭЛИООО #8

МЕСТО ДЛЯ ХРАНЕНИЯ

5 МЛ.

УДОБРЕНИЕ

ТРУФАСТ контейнер

C Переверните стол и прикрепите опоры к столешнице, используя по четыре шурупа на каждый контейнер. Таким образом, стол будет устойчивым.

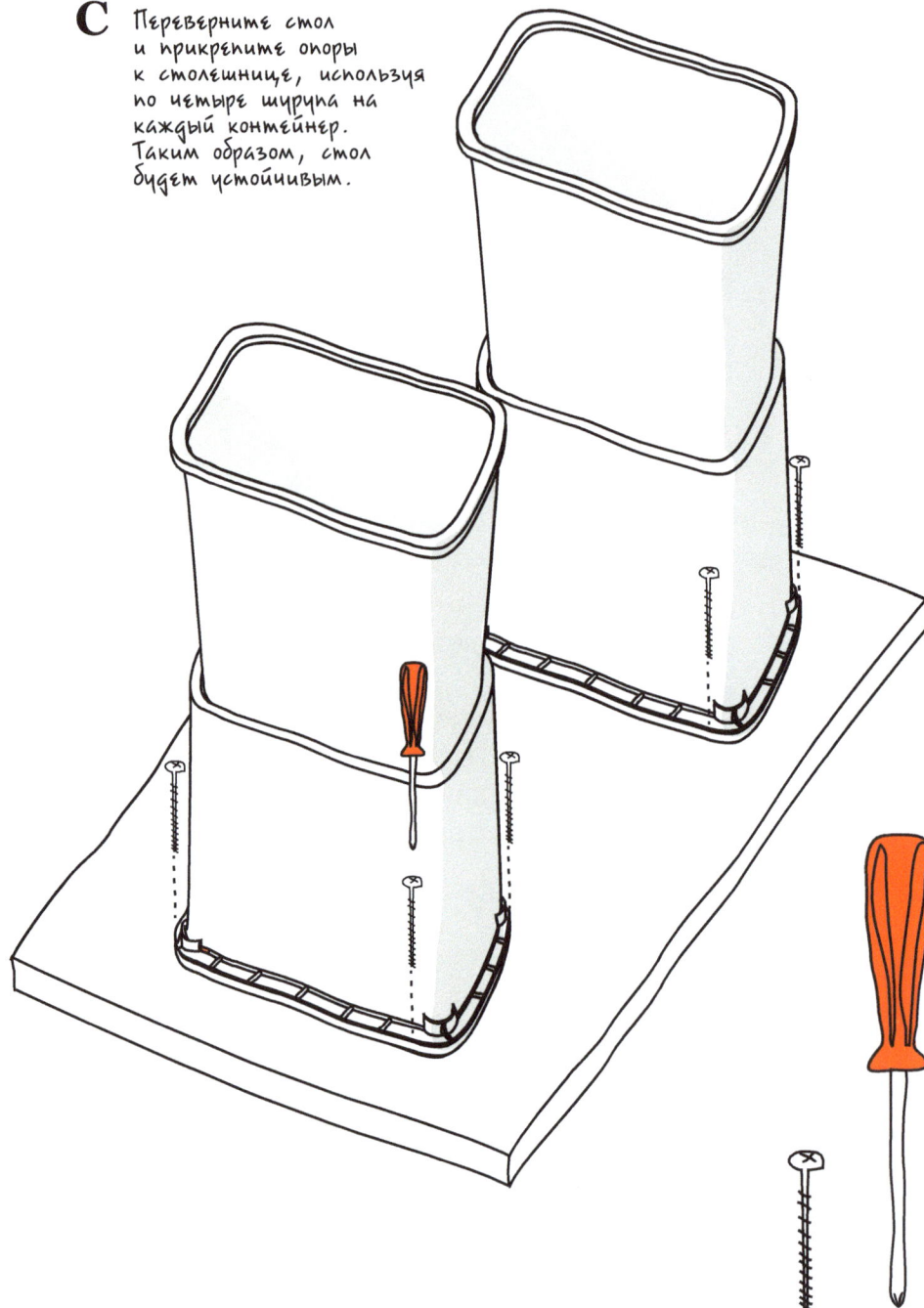

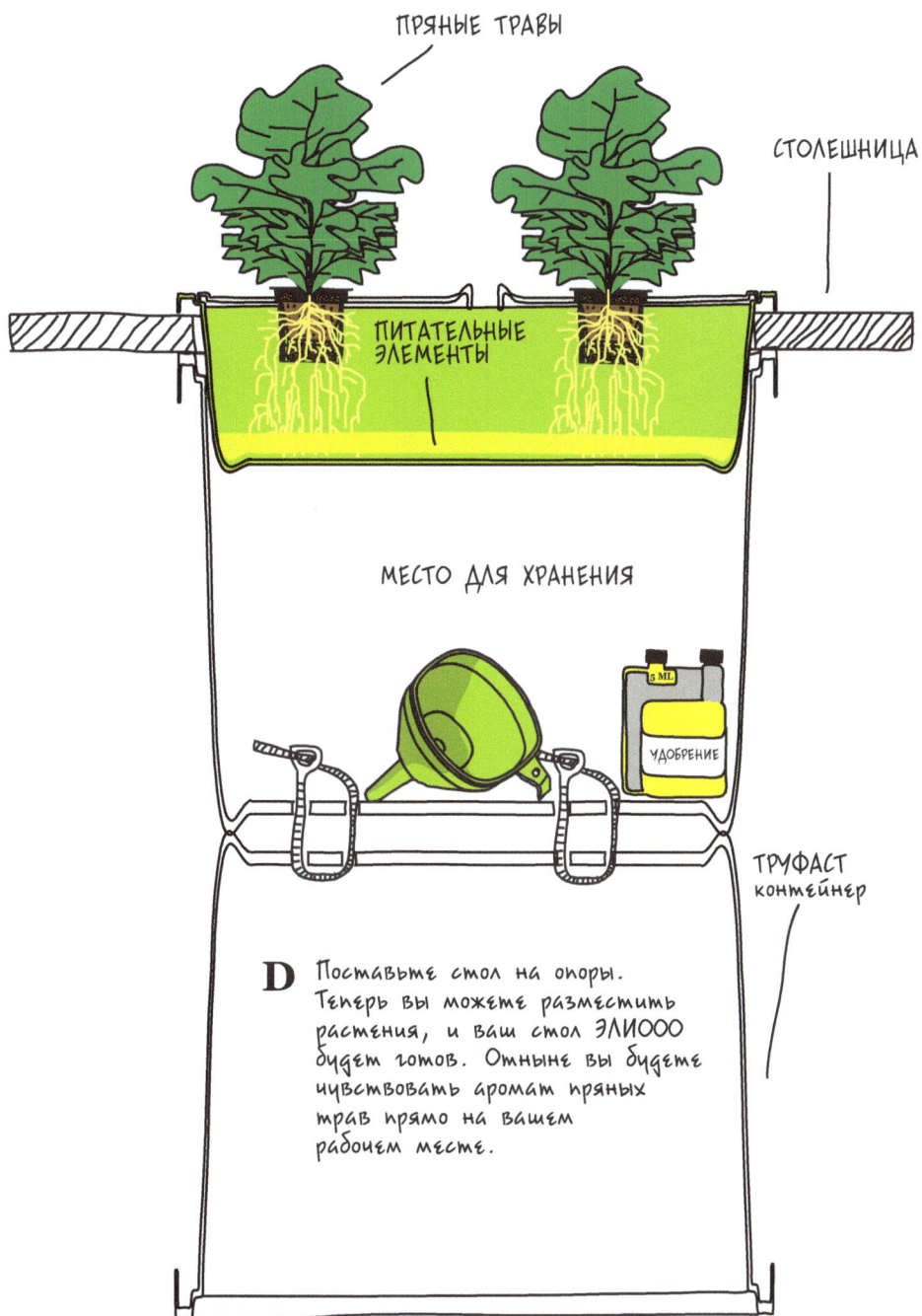

ПРЯНЫЕ ТРАВЫ

СТОЛЕШНИЦА

ПИТАТЕЛЬНЫЕ ЭЛЕМЕНТЫ

МЕСТО ДЛЯ ХРАНЕНИЯ

5 МЛ.

УДОБРЕНИЕ

ТРУФАСТ контейнер

D Поставьте стол на опоры. Теперь вы можете разместить растения, и ваш стол ЭЛИООО будет готов. Отныне вы будете чувствовать аромат пряных трав прямо на вашем рабочем месте.

ОФИС ЭЛИООО

ЭЛИООО #30

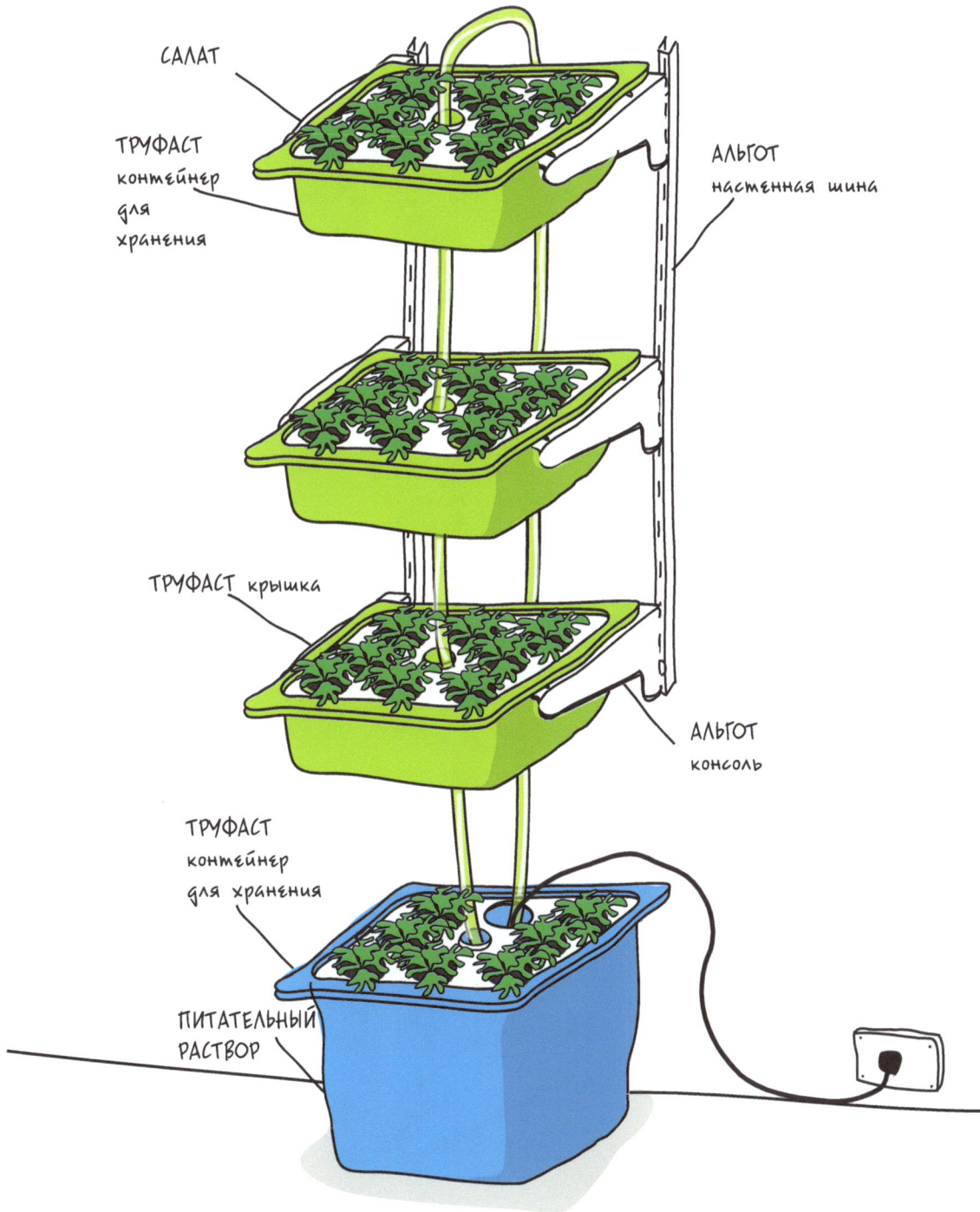

САЛАТ

ТРУФАСТ
контейнер
для
хранения

АЛЬГОТ
настенная шина

ТРУФАСТ крышка

АЛЬГОТ
консоль

ТРУФАСТ
контейнер
для хранения

ПИТАТЕЛЬНЫЙ
РАСТВОР

ЭЛИООО #30 ВСЕ НЕОБХОДИМОЕ

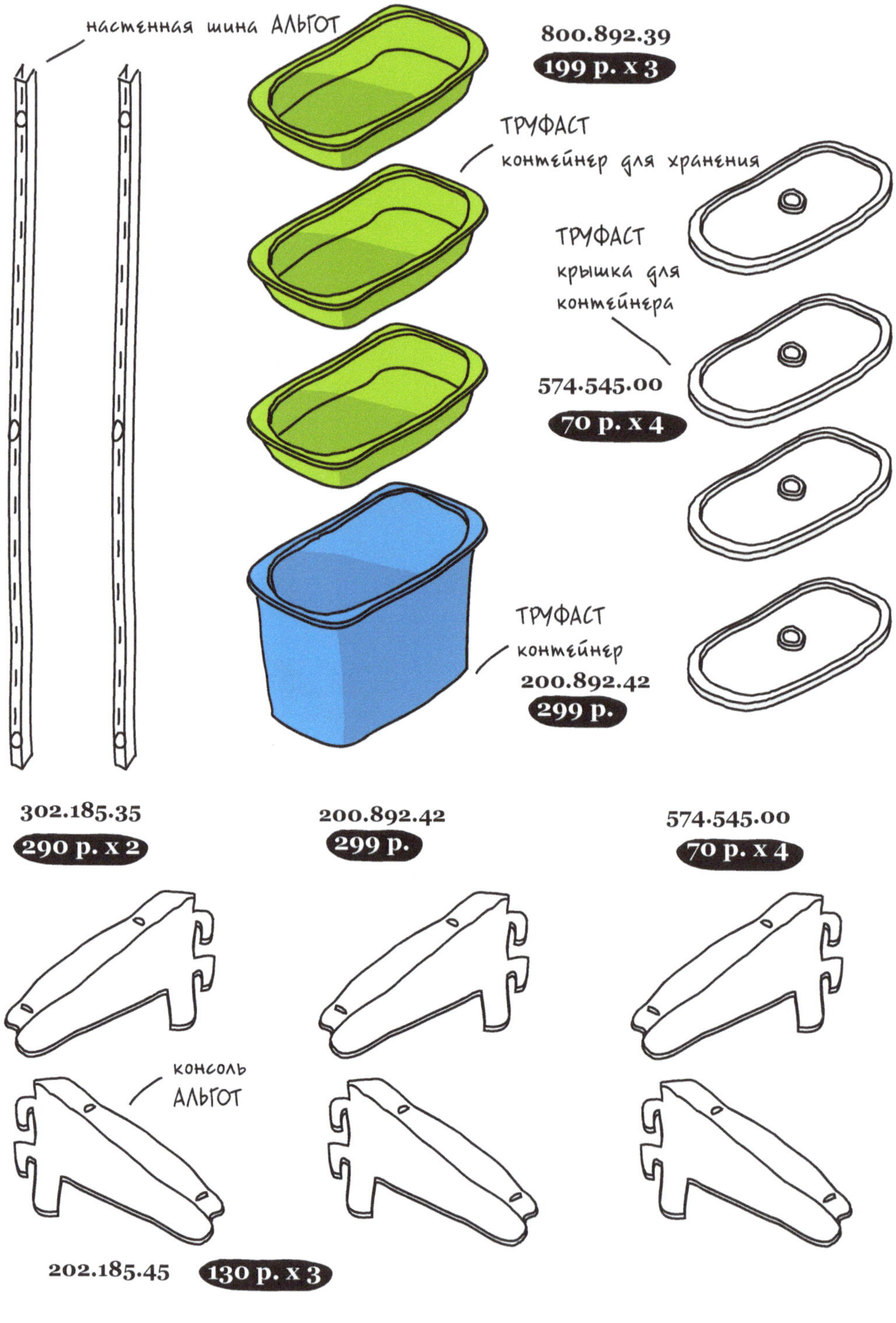

настенная шина АЛЬГОТ

800.892.39
199 р. x 3

ТРУФАСТ
контейнер для хранения

ТРУФАСТ
крышка для контейнера

574.545.00
70 р. x 4

ТРУФАСТ
контейнер
200.892.42
299 р.

302.185.35
290 р. x 2

200.892.42
299 р.

574.545.00
70 р. x 4

консоль
АЛЬГОТ

202.185.45   **130 р. x 3**

ИЗ САДОВОДЧЕСКОГО МАГАЗИНА

СЕТЧАТЫЙ ГОРШОЧЕК 5 см

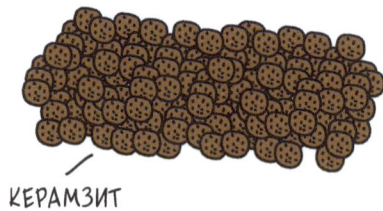

УДОБРЕНИЕ

Отборные семена

СУБСТРАТ
ДЛЯ РАССАДЫ

КЕРАМЗИТ

ДРУГИЕ МАТЕРИАЛЫ

ВОДЯНАЯ ПОМПА - H 180 CM
Вам нужна та, что в состоянии поднять воду на высоту 180 см. Обычно такие помпы требуют 25 W.

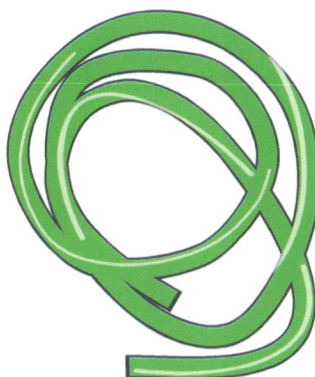

ЗЕЛЕНЫЙ ШЛАНГ 16mm x 300 см
Подойдут те, что используются в аквариумах.

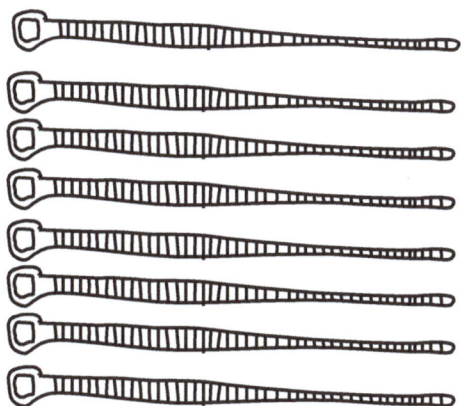

КАБЕЛЬНЫЕ СТЯЖКИ

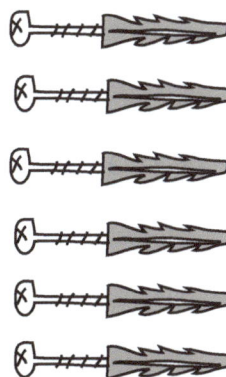

ШУРУП И ДЮБЕЛЬ 6 мм

ИНСТРУМЕНТЫ

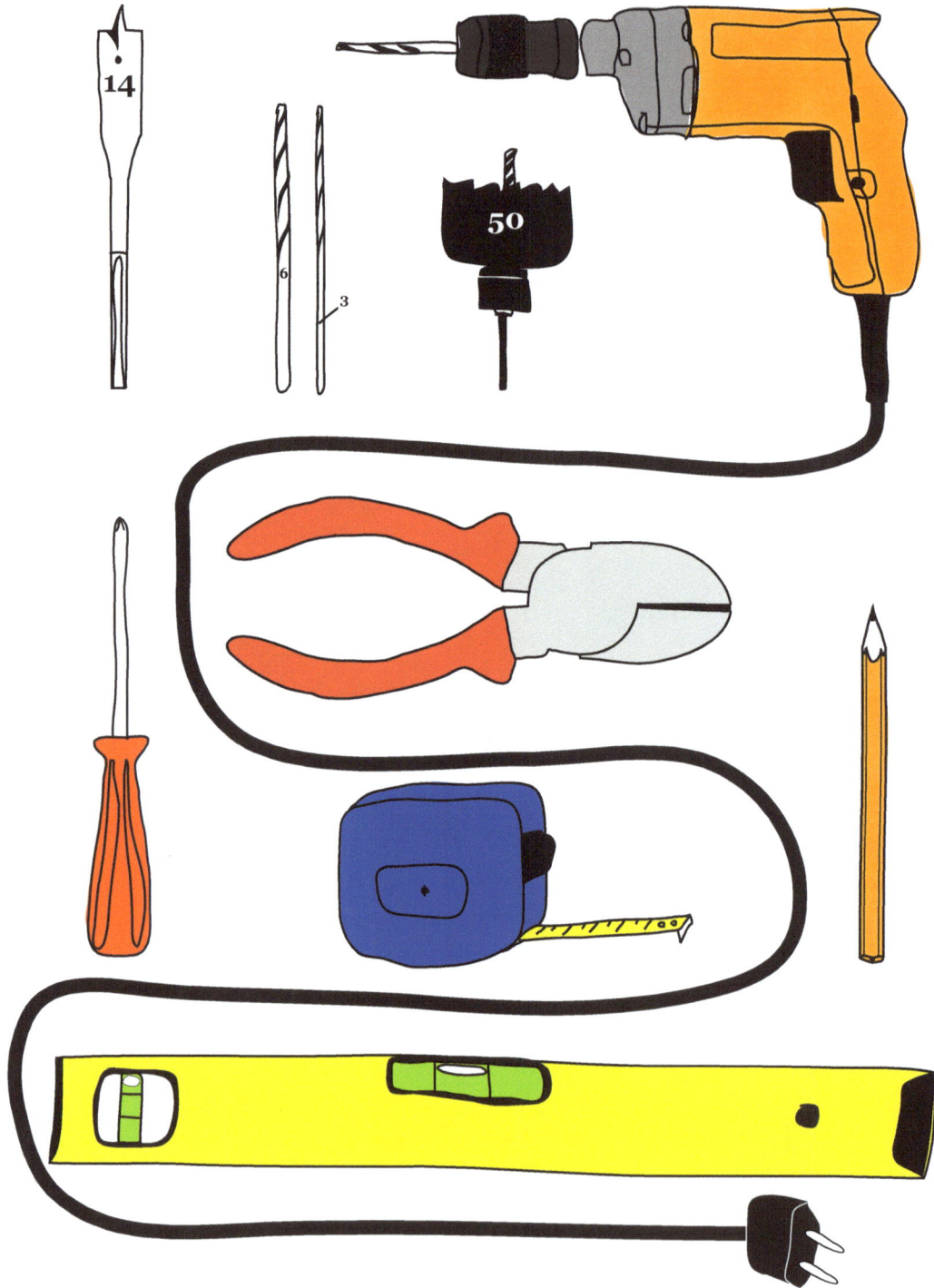

1 РАЗМЕТКА

A Карандашом сделайте на стене две отметки в тех места, где будут крепиться шины АЛЬГОТ. Убедитесь в том, что расстояние между ними верное и что они на одном уровне.

СТЕНА

B В стене просверлите отверстия диаметром 6 мм там, где вы сделали отметки. Вставьте дюбель соответствующего размера в каждое отверстие.

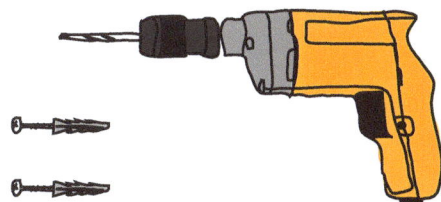

164

ПОЛ

2 ФИКСИРОВАНИЕ

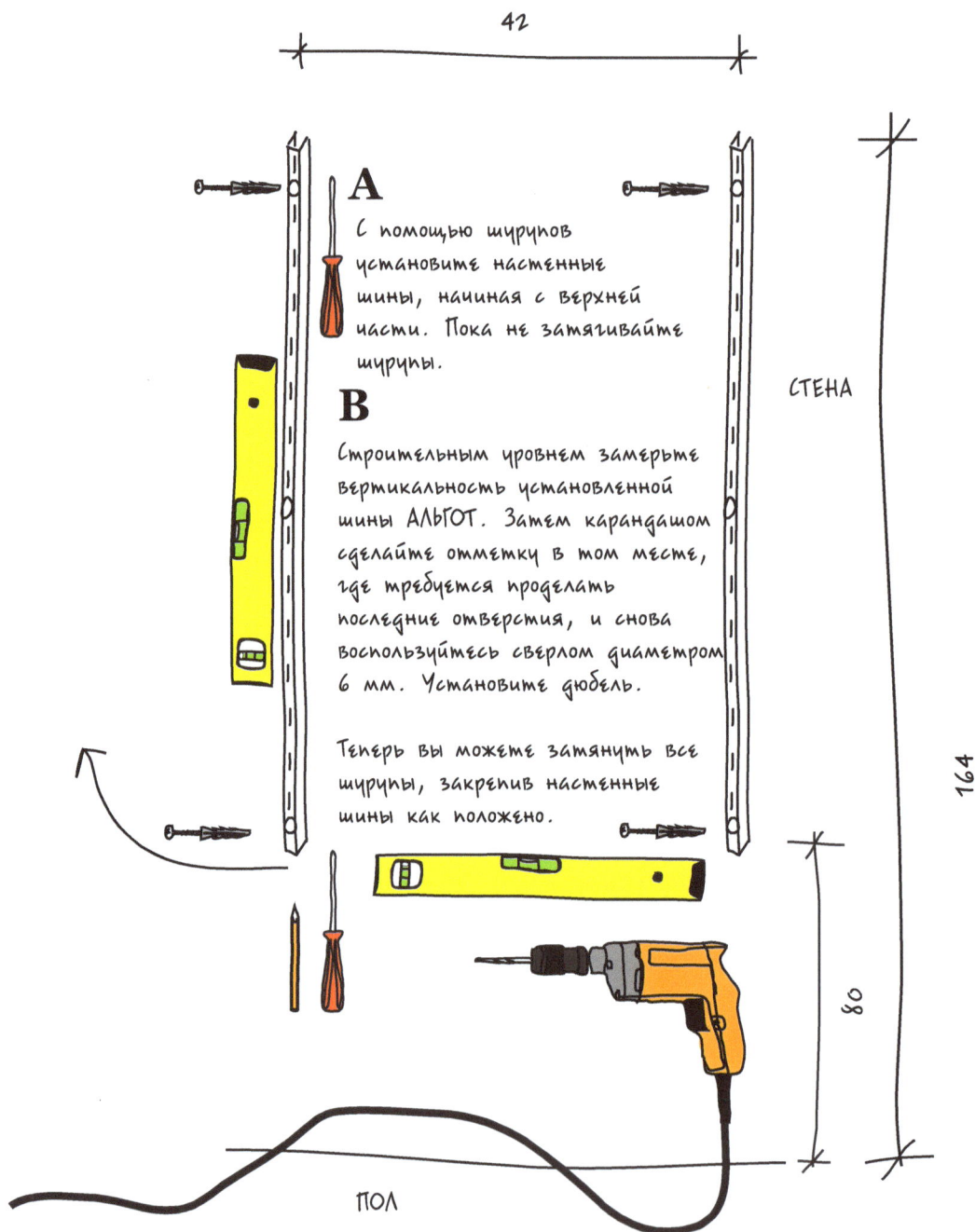

42

A

С помощью шурупов установите настенные шины, начиная с верхней части. Пока не затягивайте шурупы.

B

Строительным уровнем замерьте вертикальность установленной шины АЛЬГОТ. Затем карандашом сделайте отметки в том месте, где требуется проделать последние отверстия, и снова воспользуйтесь сверлом диаметром 6 мм. Установите дюбель.

Теперь вы можете затянуть все шурупы, закрепив настенные шины как положено.

СТЕНА

164

80

ПОЛ

3 УСТАНОВКА

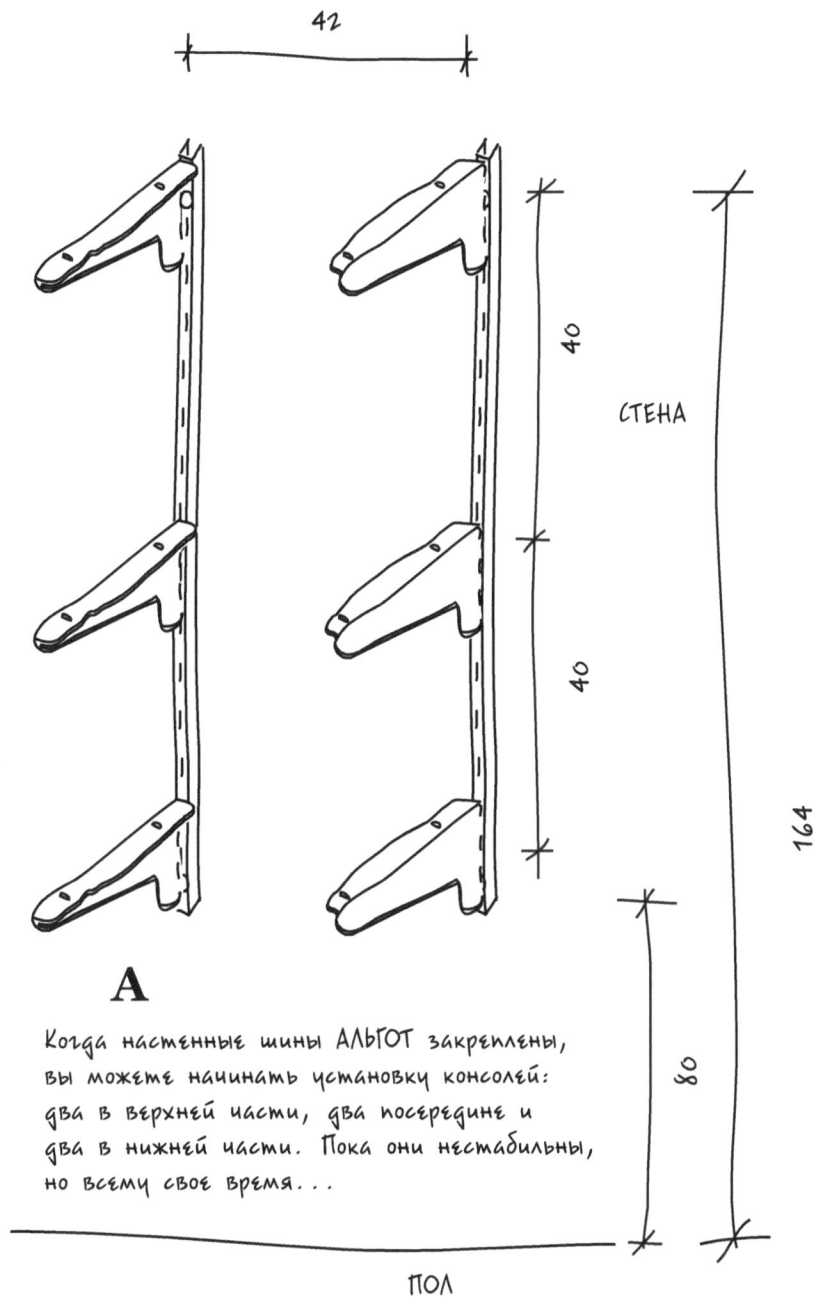

A

Когда настенные шины АЛЬГОТ закреплены,
вы можете начинать установку консолей:
два в верхней части, два посередине и
два в нижней части. Пока они нестабильны,
но всему свое время...

4 ПОДГОТОВКА КОНТЕЙНЕРОВ

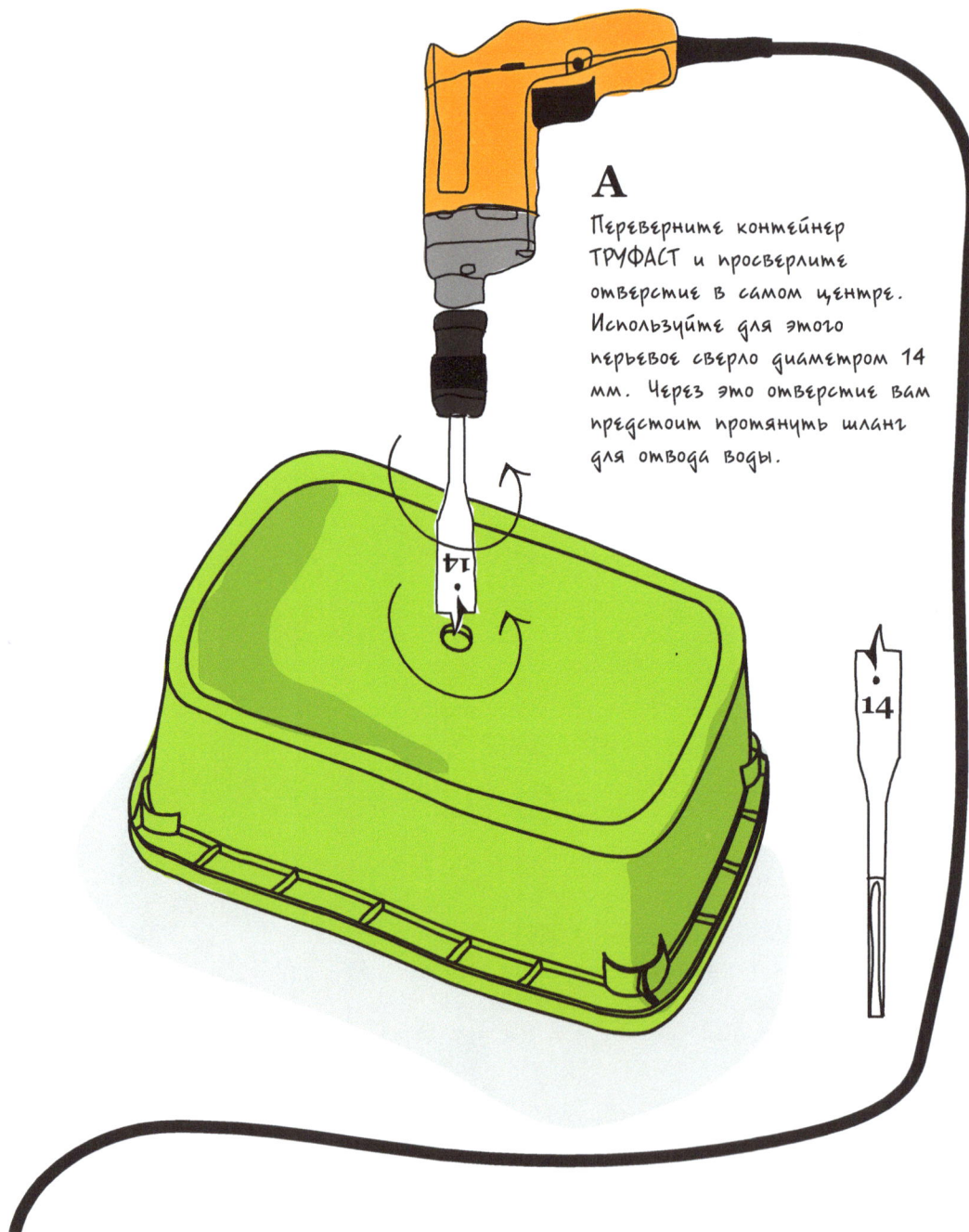

A

Переверните контейнер ТРУФАСТ и просверлите отверстие в самом центре. Используйте для этого перьевое сверло диаметром 14 мм. Через это отверстие вам предстоит протянуть шланг для отвода воды.

14

B

Сделайте восемь отметок на крышке ТРУФАСТ с помощью карандаша.

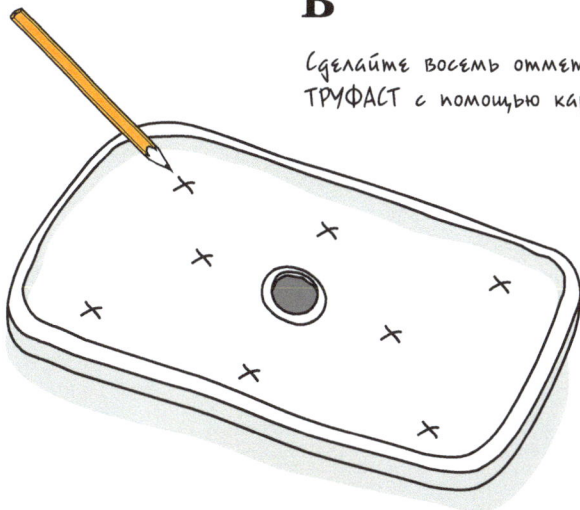

C

Здесь вам нужно будет просверлить отверстия диаметром 50 мм с помощью коронки соответствующего размера. Тут будут установлены сетчатые горшочки.

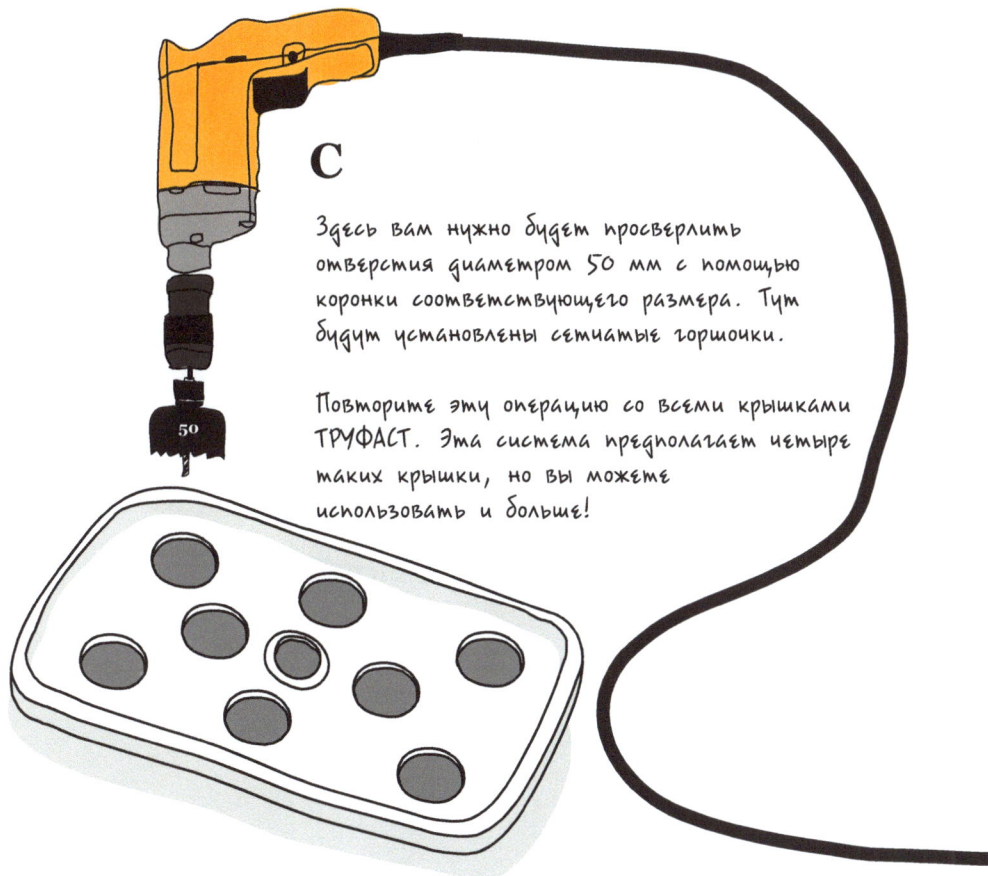

Повторите эту операцию со всеми крышками ТРУФАСТ. Эта система предполагает четыре таких крышки, но вы можете использовать и больше!

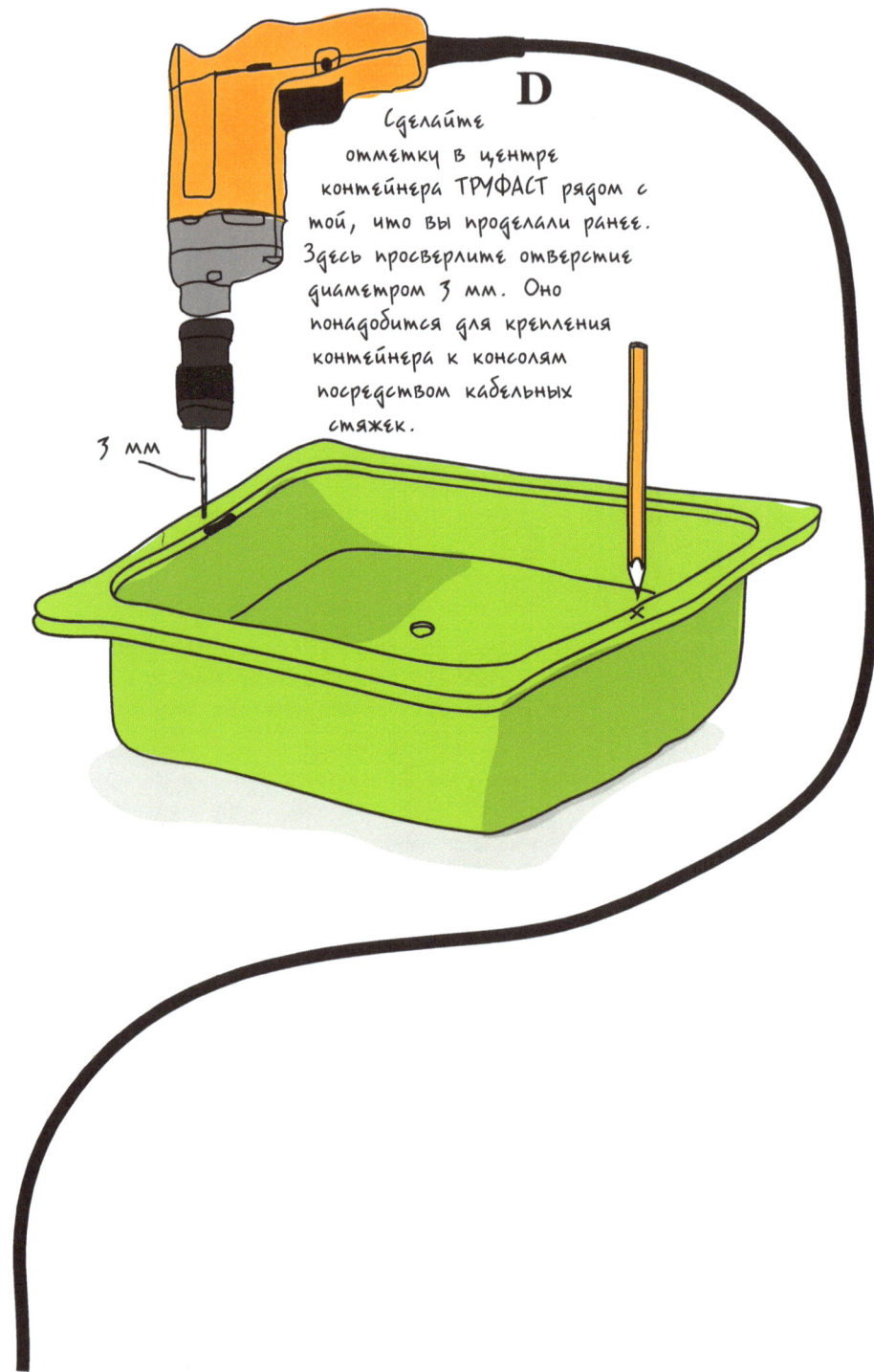

D

Сделайте
отметку в центре
контейнера ТРУФАСТ рядом с
той, что вы проделали ранее.
Здесь просверлите отверстие
диаметром 3 мм. Оно
понадобится для крепления
контейнера к консолям
посредством кабельных
стяжек.

3 мм

контейнер для хранения ТРУФАСТ

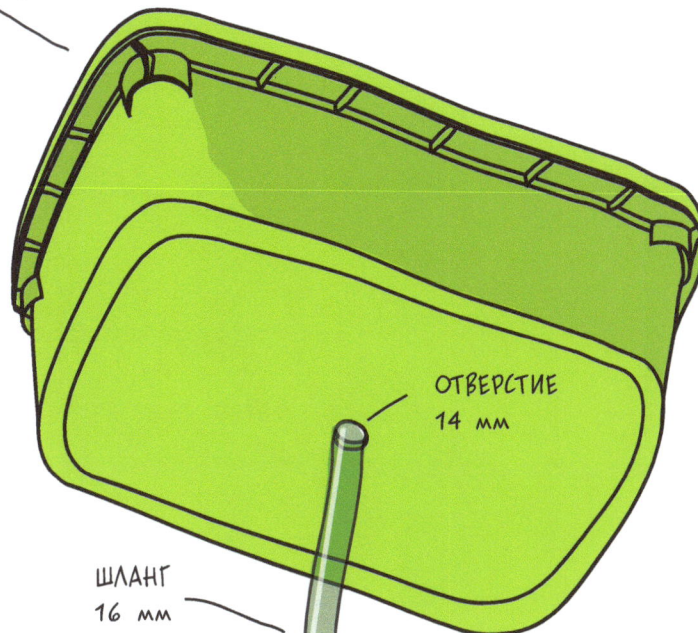

ОТВЕРСТИЕ
14 мм

ШЛАНГ
16 мм

E

Проденьте шланг через отверстие, проделанное с помощью перьевого сверла. Отверстие имеет диаметр 14 мм, а труба — 16 мм. Эта разница в диаметрах позволит создать давление, необходимое для предотвращения утечки. Вы можете использовать жидкость для мытья посуды, чтобы облегчить продевание шланга. Этот процесс несколько утомителен, но он работает. Повторите операцию с остальными тремя контейнерами системы.

Шланг должен выходить из основания контейнера ТРУФАСТ вовнутрь не больше, чем на 2—3 см. Таким образом, вы сможете регулировать уровень жидкости в каждом контейнере. Вам не нужен будет сильный напор воды. Небольшой струи будет достаточно.

5 УСТАНОВКА КОНТЕЙНЕРОВ

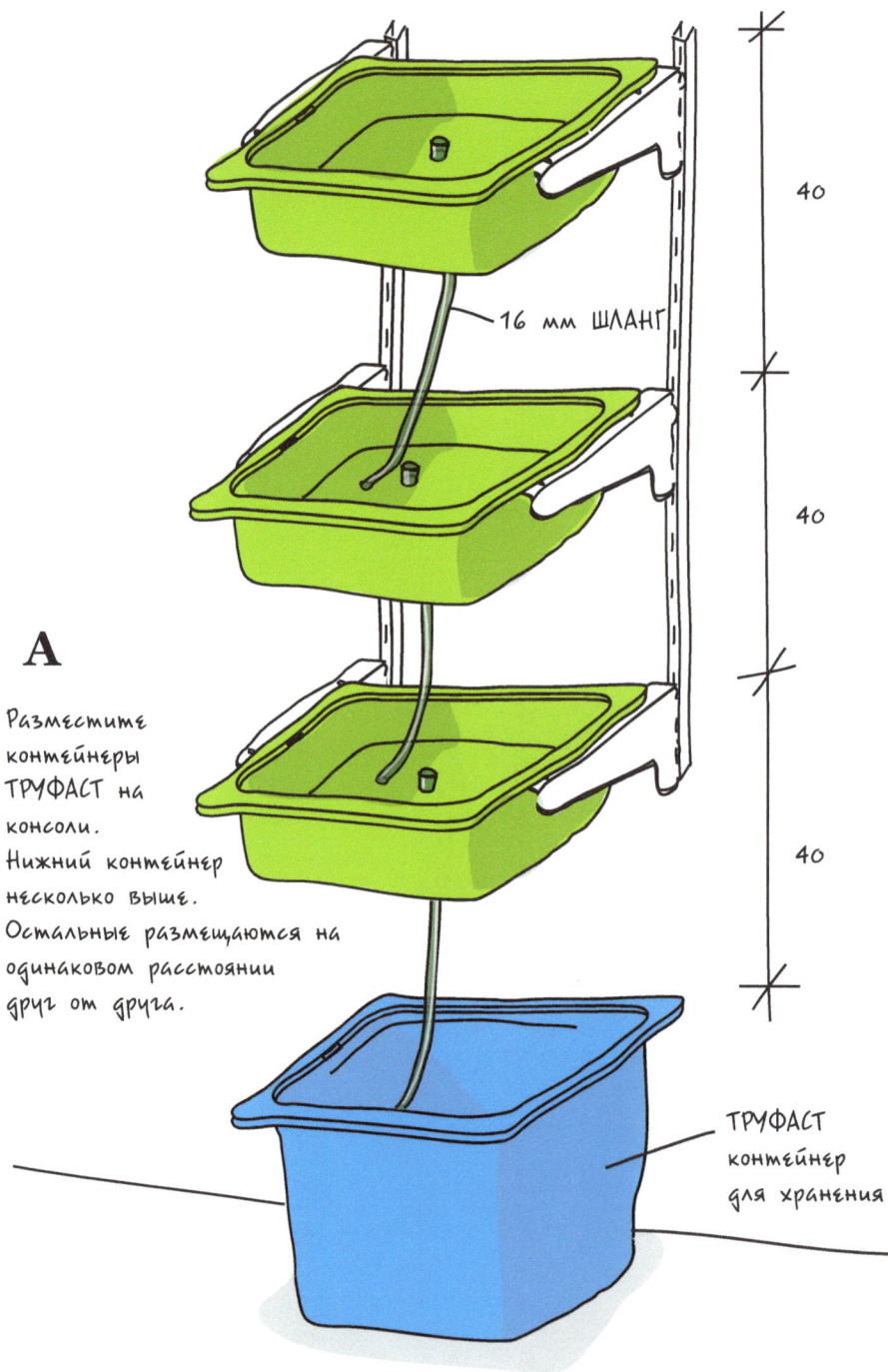

40

16 мм ШЛАНГ

40

А

Разместите
контейнеры
ТРУФАСТ на
консоли.
Нижний контейнер
несколько выше.
Остальные размещаются на
одинаковом расстоянии
друг от друга.

40

ТРУФАСТ
контейнер
для хранения

B

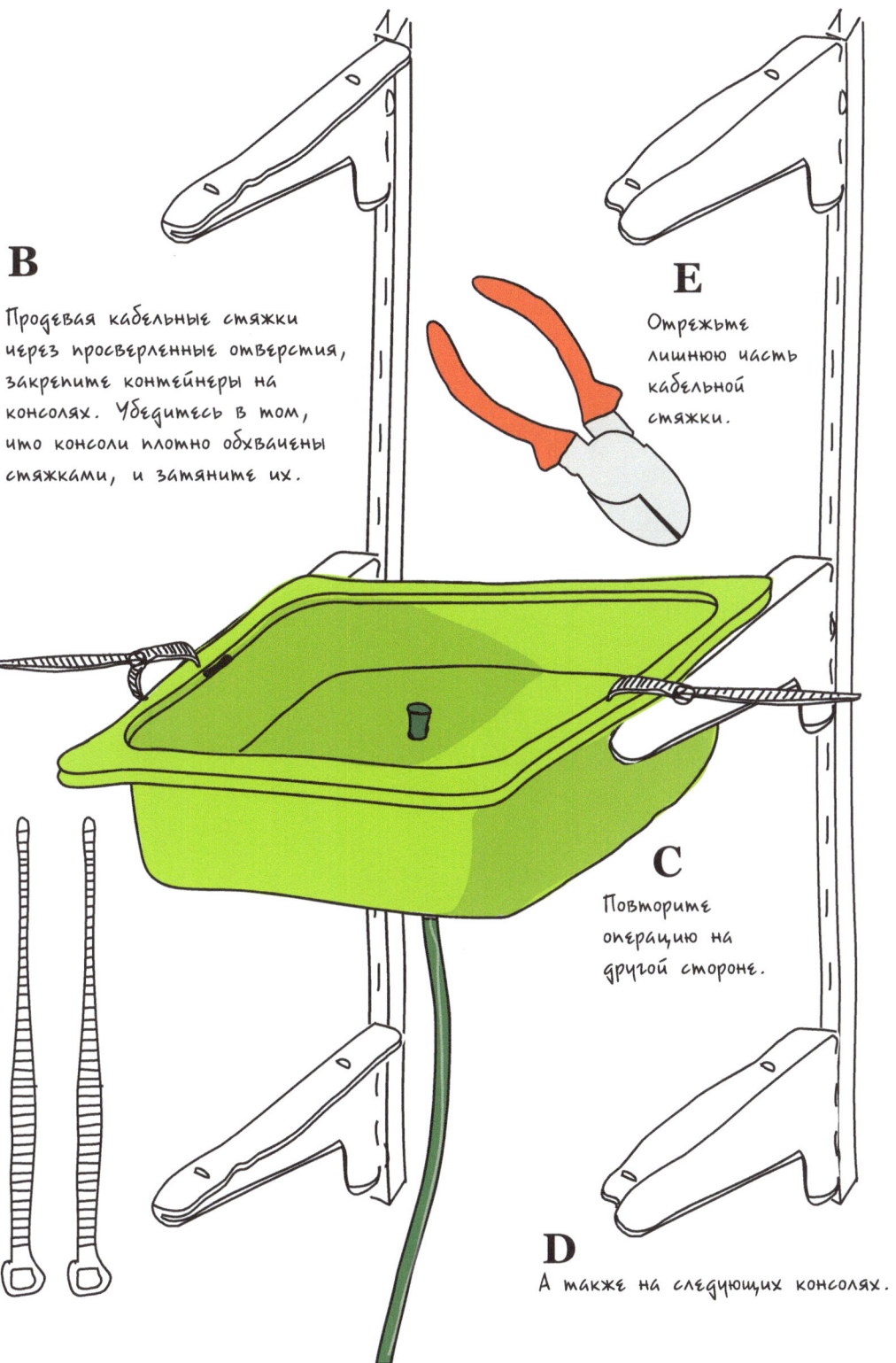

Продевая кабельные стяжки
через просверленные отверстия,
закрепите контейнеры на
консолях. Убедитесь в том,
что консоли плотно обхвачены
стяжками, и затяните их.

E

Отрежьте
лишнюю часть
кабельной
стяжки.

C

Повторите
операцию на
другой стороне.

D

А также на следующих консолях.

6 ПРТ
Помпы, растения и трубы

ТРУФАСТ
контейнер для хранения

A
Установите водяную и воздушную помпы.

B
Убедитесь в том, что шланг, подсоединенный к помпе, идет напрямую в самый верхний контейнер.

ШЛАНГ 16 мм

САЛАТ

> Превосходное органическое удобрение — обычная моча. Многие утверждают, что такое удобрение более экологично, чем химикаты.

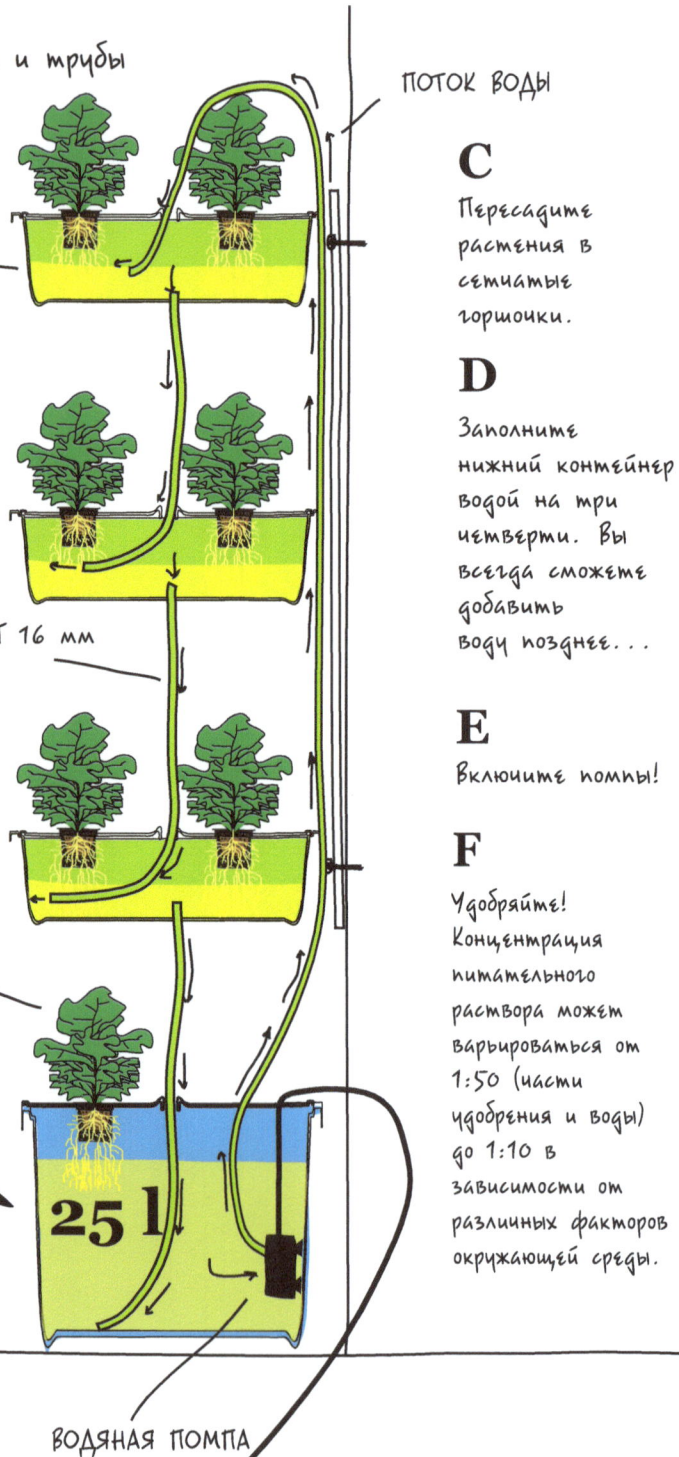

25 l

ВОДЯНАЯ ПОМПА

ПОТОК ВОДЫ

C
Пересадите растения в сетчатые горшочки.

D
Заполните нижний контейнер водой на три четверти. Вы всегда сможете добавить воду позднее...

E
Включите помпы!

F
Удобряйте! Концентрация питательного раствора может варьироваться от 1:50 (части удобрения и воды) до 1:10 в зависимости от различных факторов окружающей среды.

7 УСТАНОВКА ГОРШОЧКОВ

В центральное отверстие проденьте шланг. Его будет просто вынуть, когда придет время вымыть контейнер или собрать урожай.

Все остальные технические части системы, включая шланг с водой, могут быть продеты через это отверстие для сетчатого горшочка в контейнере ТРУФАСТ, используемом как цистерна.

На этой стадии можно разместить сетчатые горшочки в контейнеры. Им не нужно пребывать в прямом контакте с водой. Намного лучше, если корни будут сами тянуться к жидкости.

ПОЛУЧИЛОСЬ!

ЭЛИООО #30 МОБИЛЬ

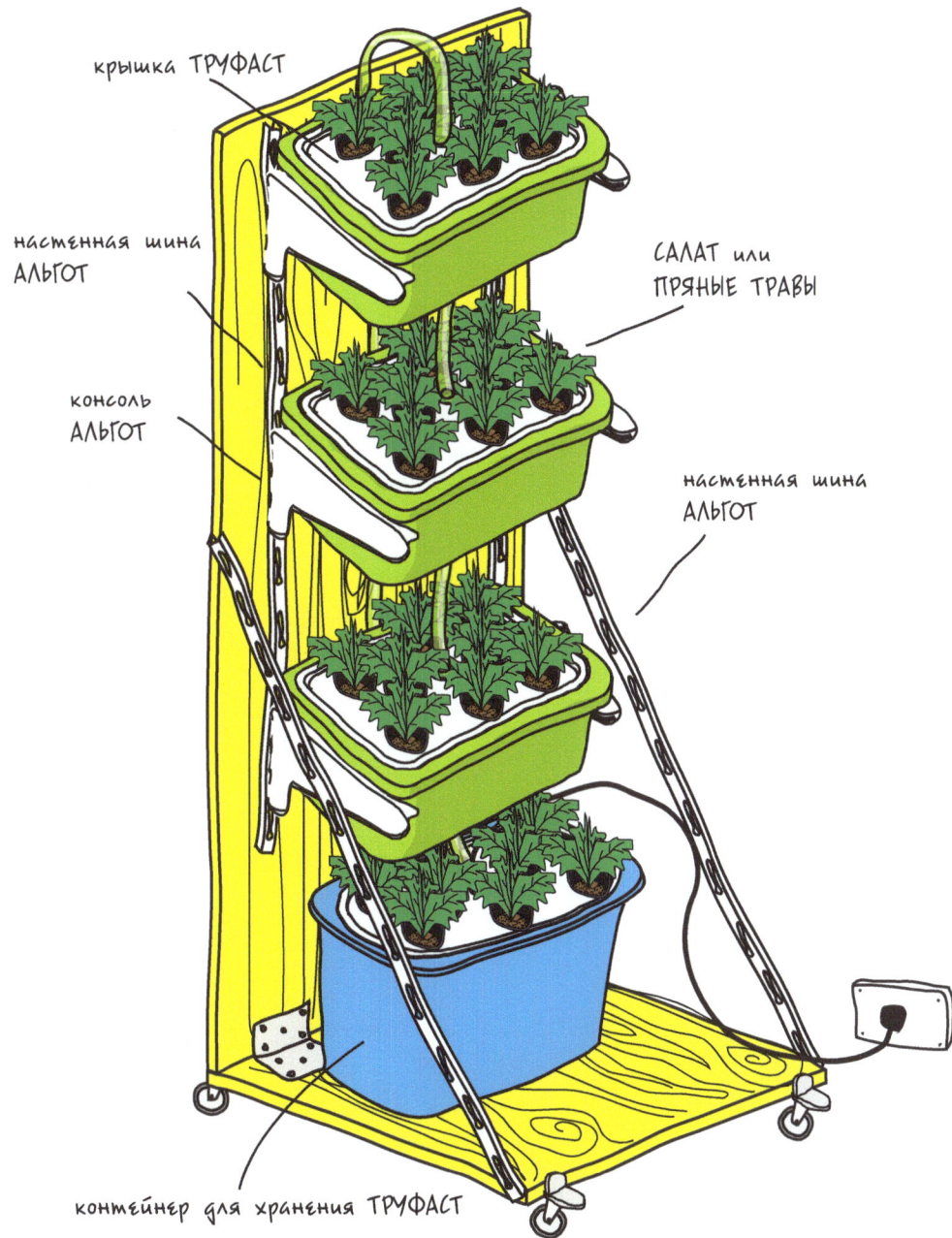

крышка ТРУФАСТ

настенная шина АЛЬГОТ

консоль АЛЬГОТ

САЛАТ или ПРЯНЫЕ ТРАВЫ

настенная шина АЛЬГОТ

контейнер для хранения ТРУФАСТ

ВСЕ НЕОБХОДИМОЕ

ИЗ ИКЕИ

настенная шина АЛЬГОТ

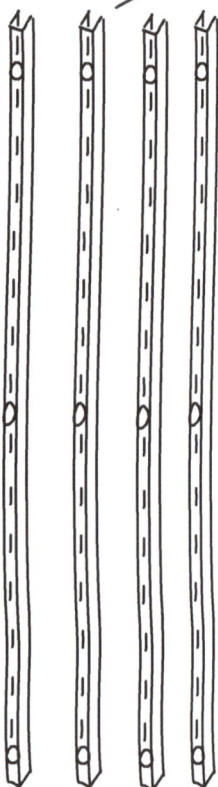

800.892.39
199 р. x 3

контейнер
для хранения
ТРУФАСТ

контейнер
для хранения
ТРУФАСТ

302.185.35
290 р. x 4

200.892.42
299 р.

крышка для
контейнера
ТРУФАСТ

574.545.00
70 р. x 4

консоль
АЛЬГОТ

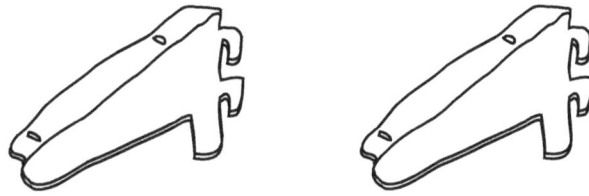

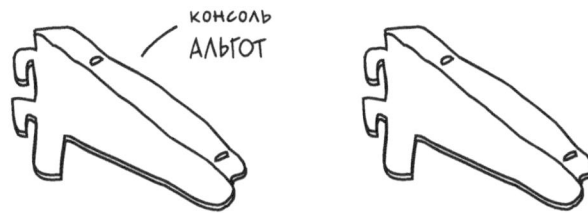

202.185.45 **130 р. x 3**

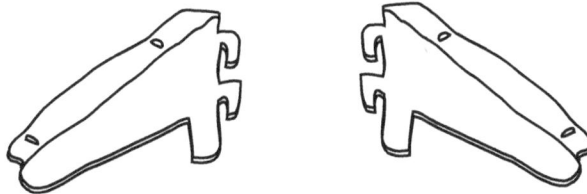

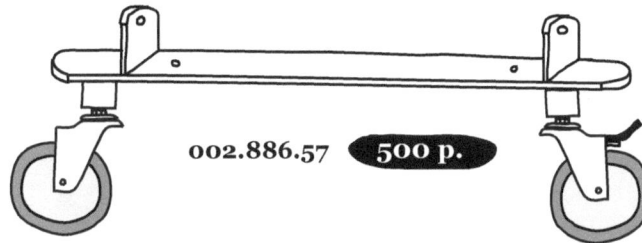

002.886.57 **500 р.**

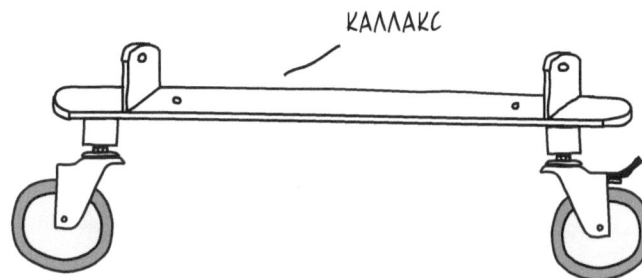

КАЛЛАКС

ИЗ САДОВОДЧЕСКОГО МАГАЗИНА

СЕТЧАТЫЙ ГОРШОЧЕК 5 см

5 ML

УДОБРЕНИЕ

Отборные
семена

СУБСТРАТ
ДЛЯ РАССАДЫ

КЕРАМЗИТ

ДРУГИЕ МАТЕРИАЛЫ

ВОДЯНАЯ ПОМПА – H 180 CM
Вам нужна та, что в состоянии поднять воду на высоту 180 см.
Обычно такие помпы требуют 25 W.

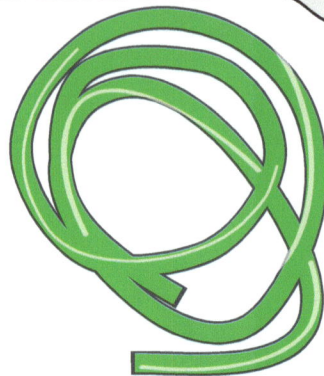

ЗЕЛЕНЫЙ ШЛАНГ 16mm x 300 cm
Подойдут те, что используются в аквариумах.

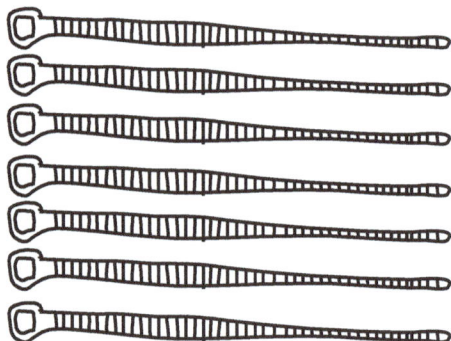

КАБЕЛЬНЫЕ СТЯЖКИ

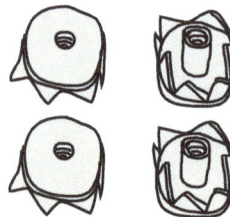

Вам понадобятся такие крепления для того, чтобы присоединить колеса к доске.

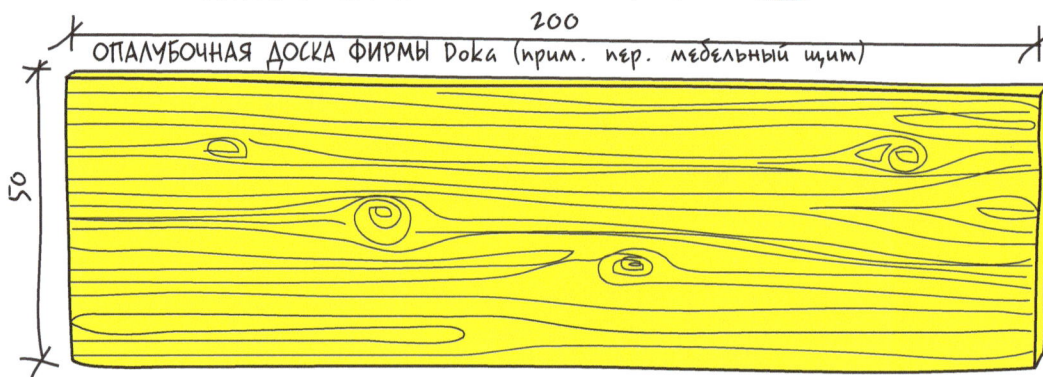

200

ОПАЛУБОЧНАЯ ДОСКА ФИРМЫ Doka (прим. пер. мебельный щит)

50

Хотите быть автономны от внешних источников энергии? С этой задачей прекрасно справится комплект из помпы и солнечной батареи. Убедитесь лишь в том, что такая конструкция позволит поднять воду на высоту 160 см.

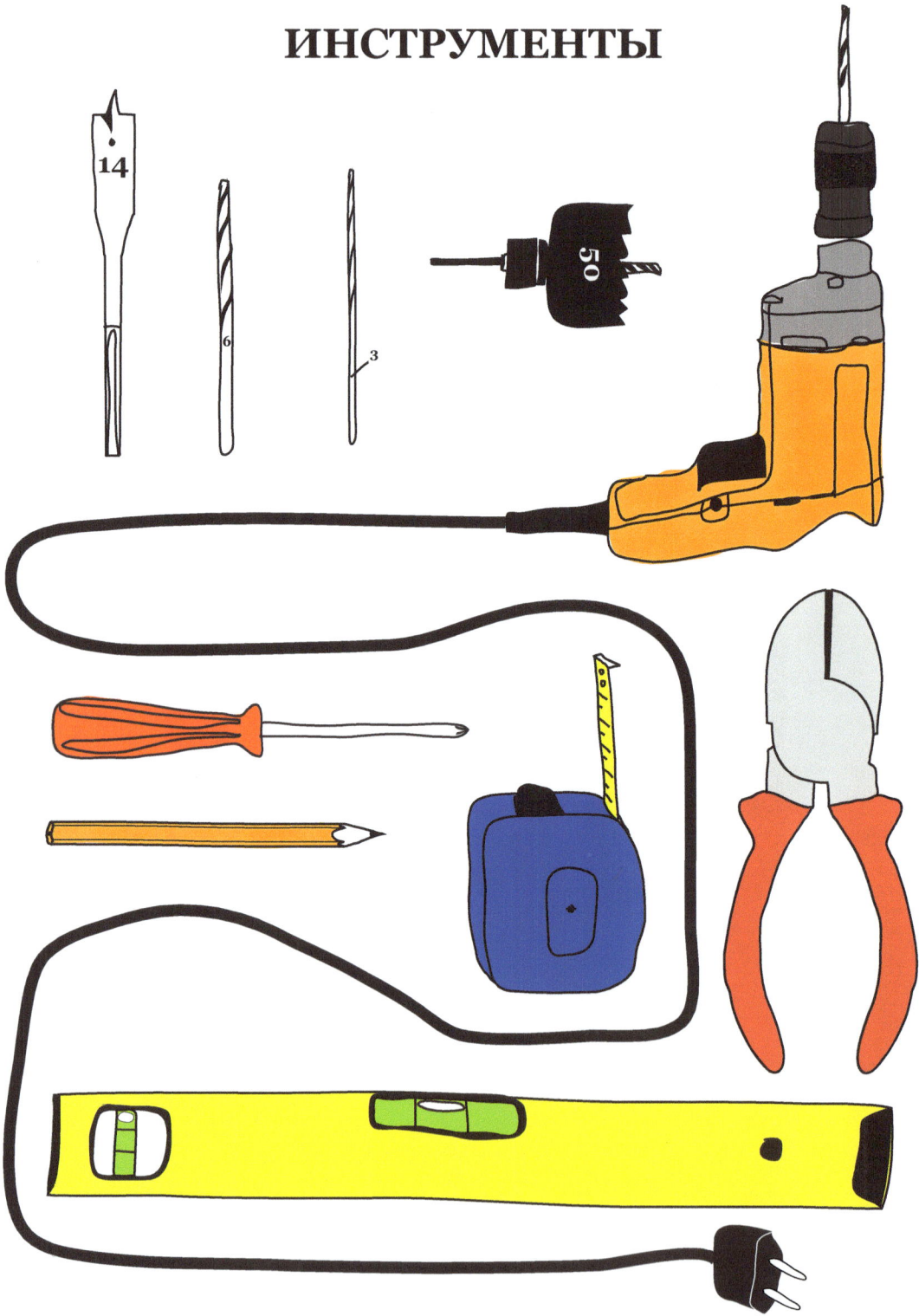

ИНСТРУМЕНТЫ

1 ПОДГОТОВКА ОСНОВАНИЯ

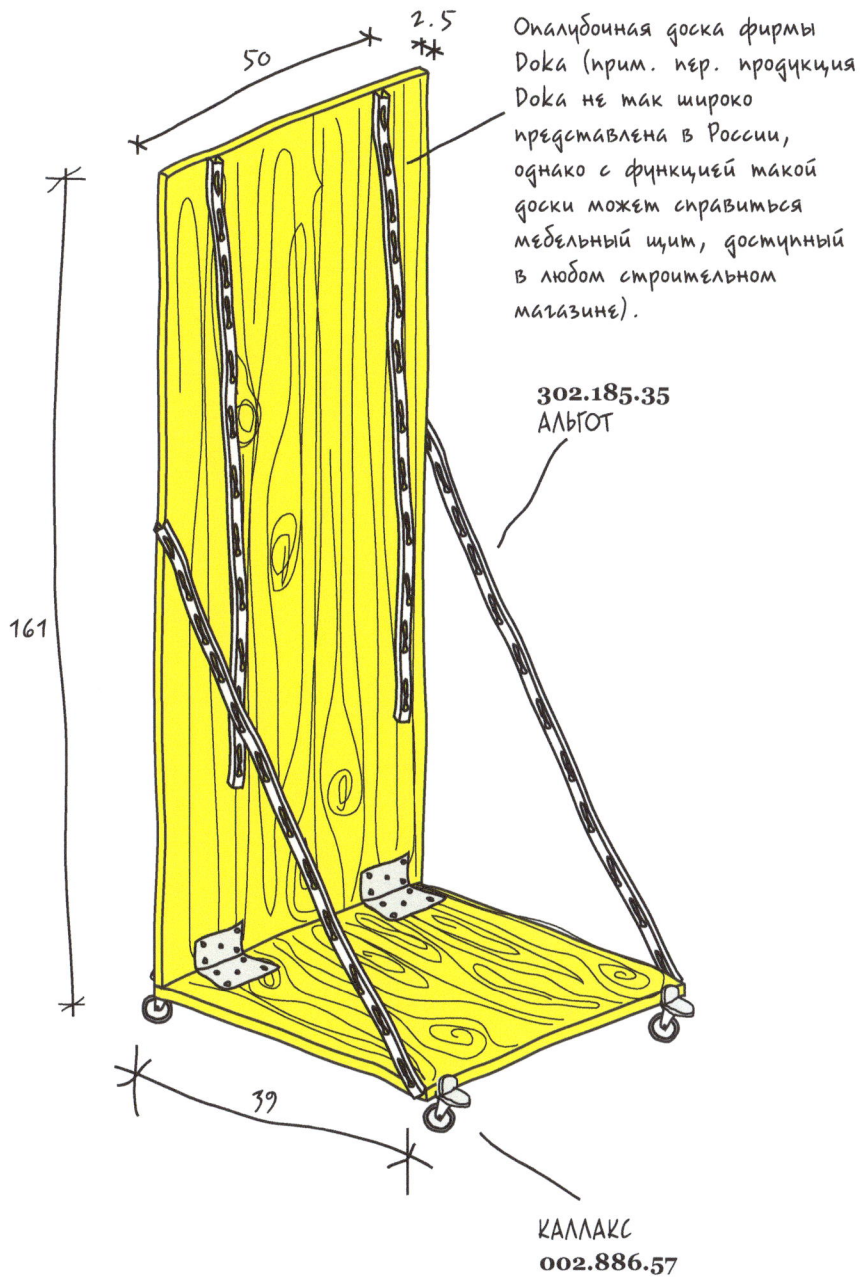

2.5

50

Опалубочная доска фирмы Doka (прим. пер. продукция Doka не так широко представлена в России, однако с функцией такой доски может справиться мебельный щит, доступный в любом строительном магазине).

302.185.35
АЛЬГОТ

161

39

КАЛЛАКС
002.886.57

ОПАЛУБОЧНАЯ ДОСКА ФИРМЫ DOKA

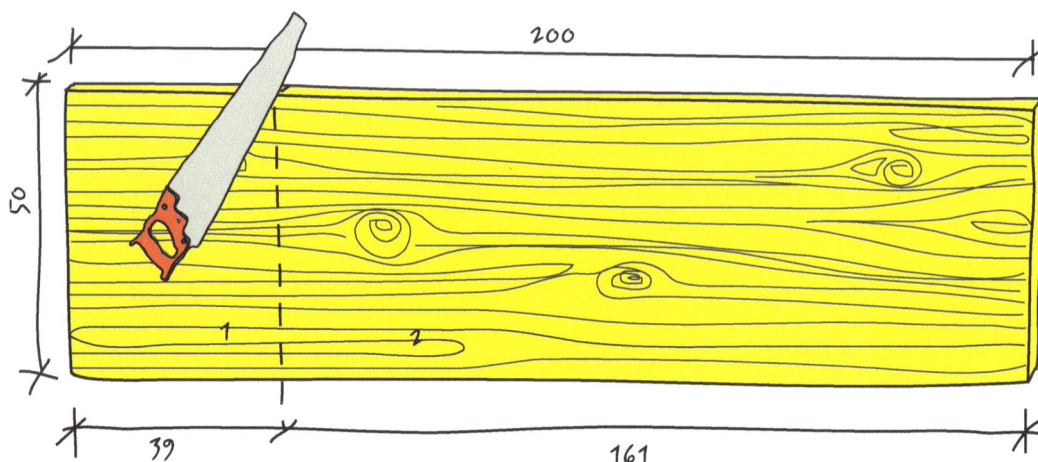

200

50

1

2

39   161

A

Приобретите опалубочную доску Doka (прим. пер. или мебельный щит). Обычно они продаются в размере 200 см на 50 см. Такая доска прекрасно подходит, прежде всего, потому, что она не пропускает влагу. Возможно, сотрудники строительного магазина найдут для вас подобный щит другого размера.

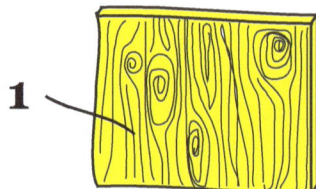

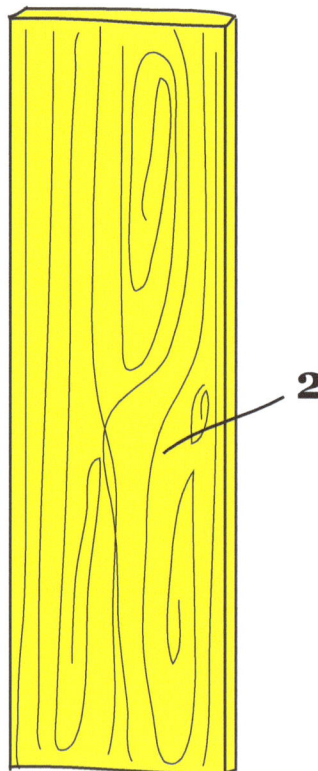

2

1

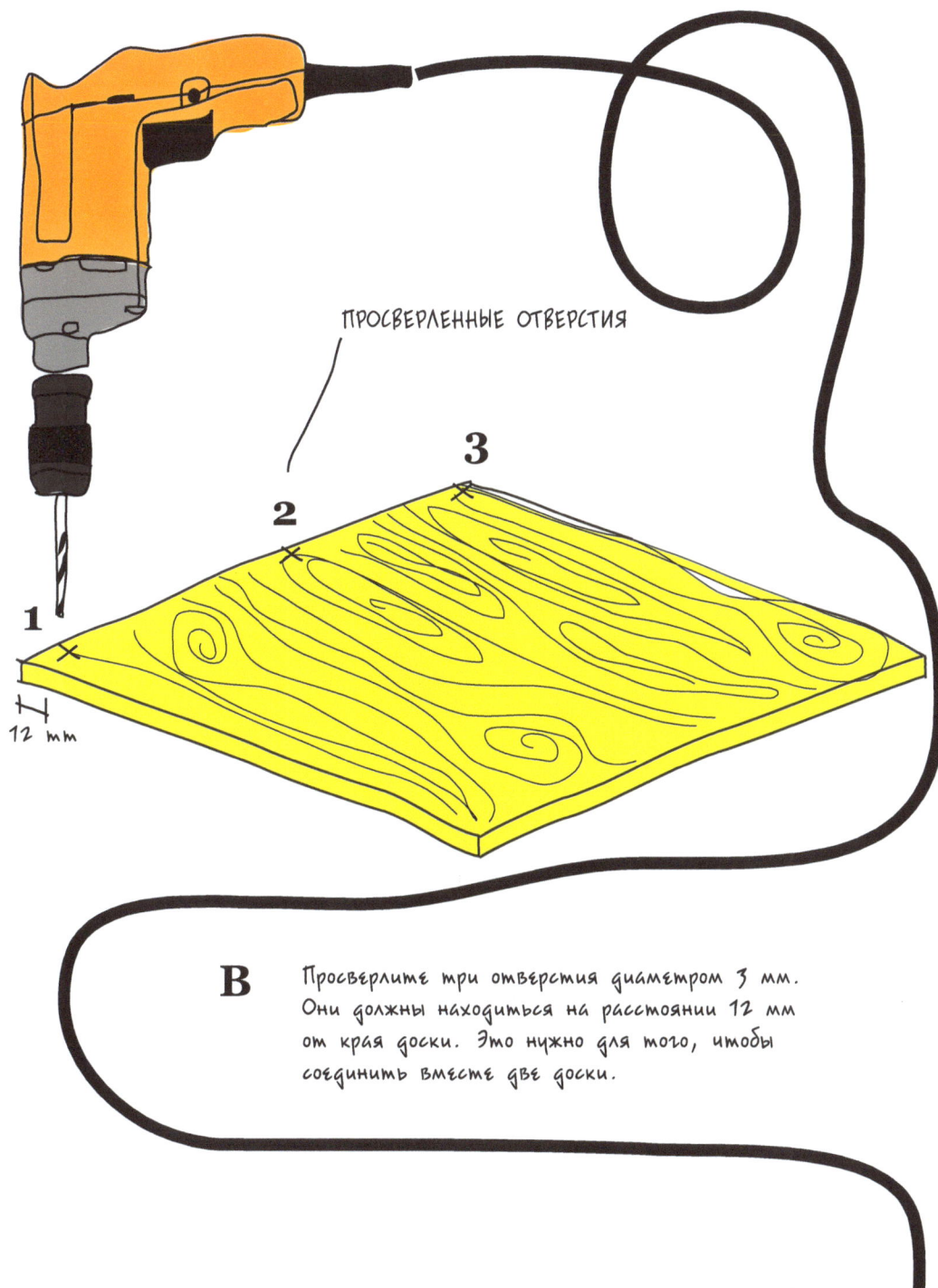

ПРОСВЕРЛЕННЫЕ ОТВЕРСТИЯ

1 2 3

12 mm

B Просверлите три отверстия диаметром 3 мм. Они должны находиться на расстоянии 12 мм от края доски. Это нужно для того, чтобы соединить вместе две доски.

C1

Разместите колесики на поверхности доски.

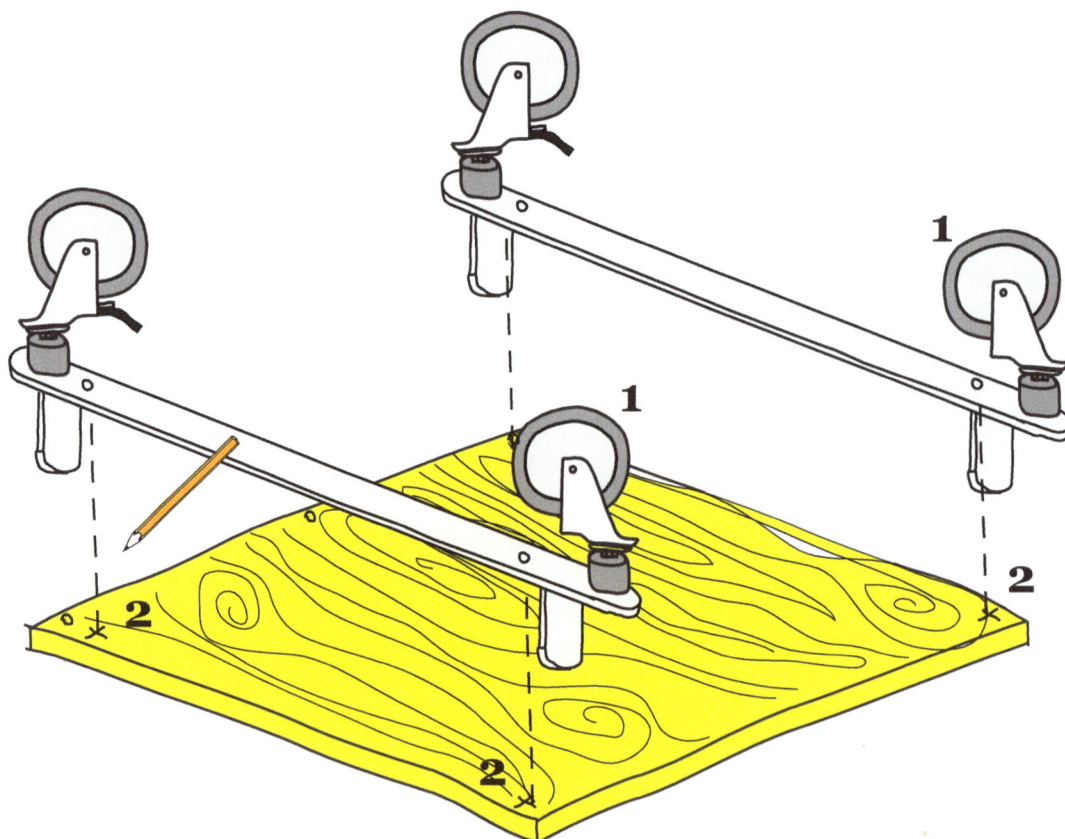

C2

Сделайте отметки для будущих отверстий.

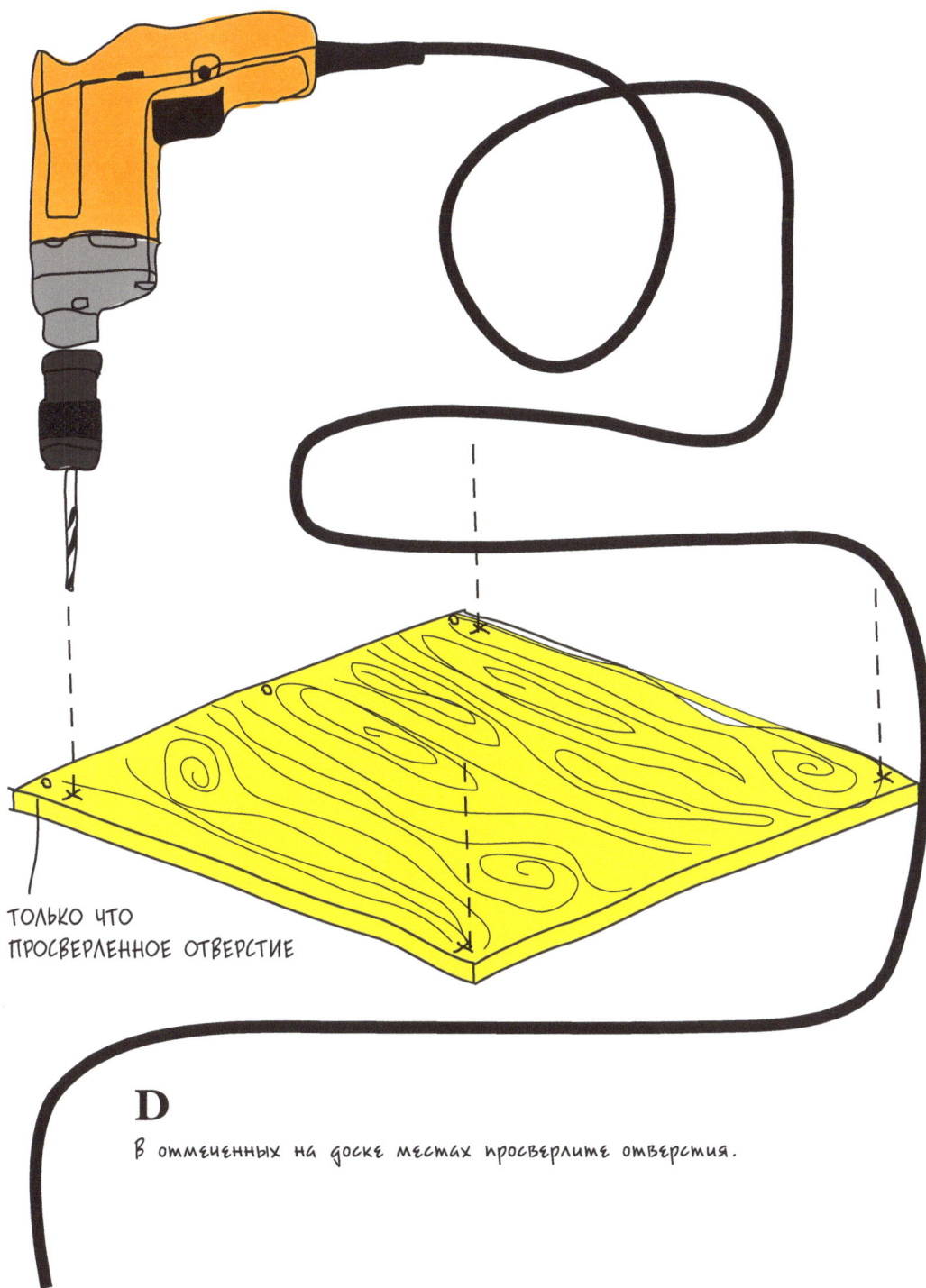

ТОЛЬКО ЧТО
ПРОСВЕРЛЕННОЕ ОТВЕРСТИЕ

D

В отмеченных на доске местах просверлите отверстия.

E

Вставьте в отверстия шурупы.
Это первый шаг в фиксировании двух панелей.

ОТВЕРСТИЕ
ДЛЯ КОЛЕСИКОВ

F

Зафиксируйте
металлические
уголки 90°.
Убедитесь в том,
что они плотно
прикручены к обеим
поверхностям. От
этого зависит
стабильность всей
конструкции ЭЛИООО.

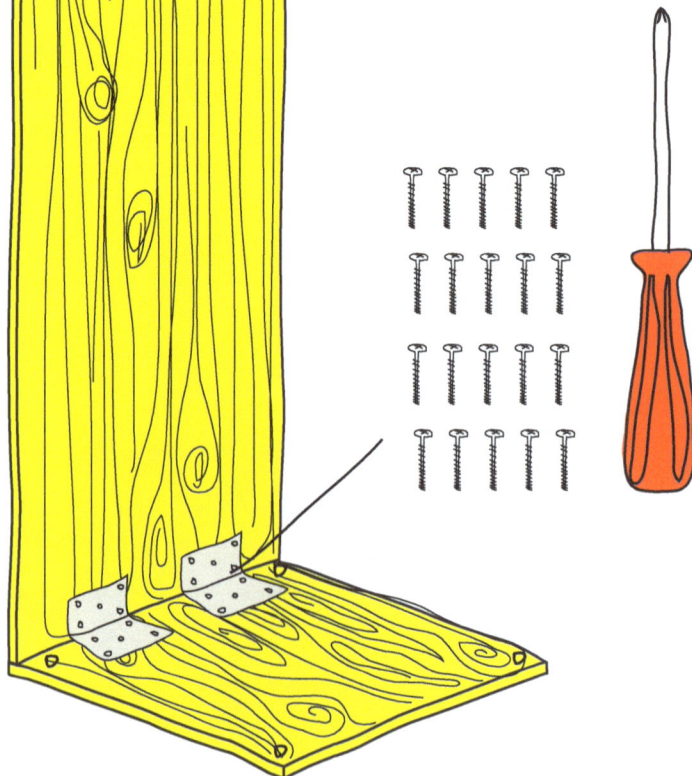

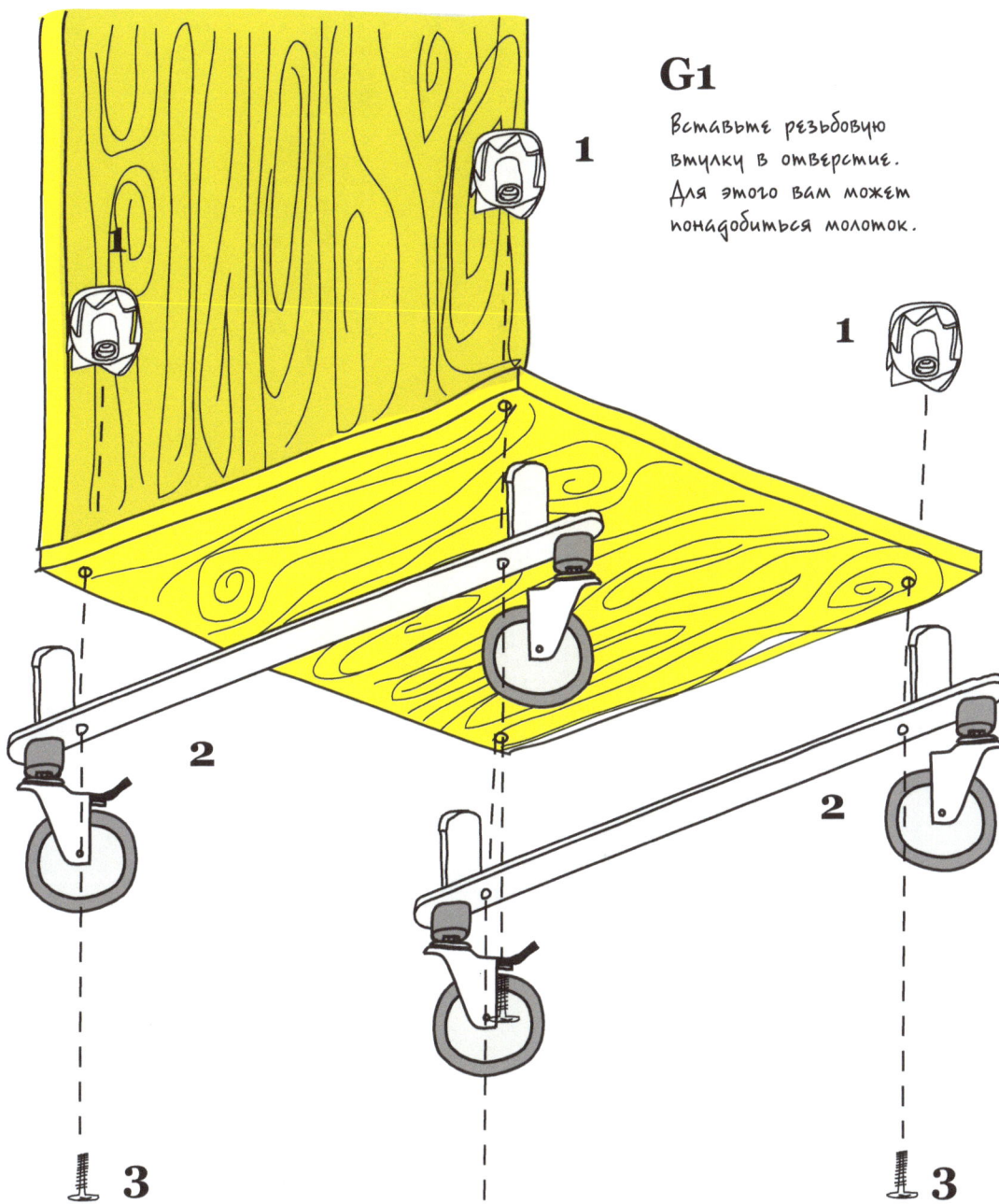

G1

Вставьте резьбовую втулку в отверстие. Для этого вам может понадобиться молоток.

G2

Правильно установите колесики.

G3

Плотно прикрутите рейлинг для колесиков.

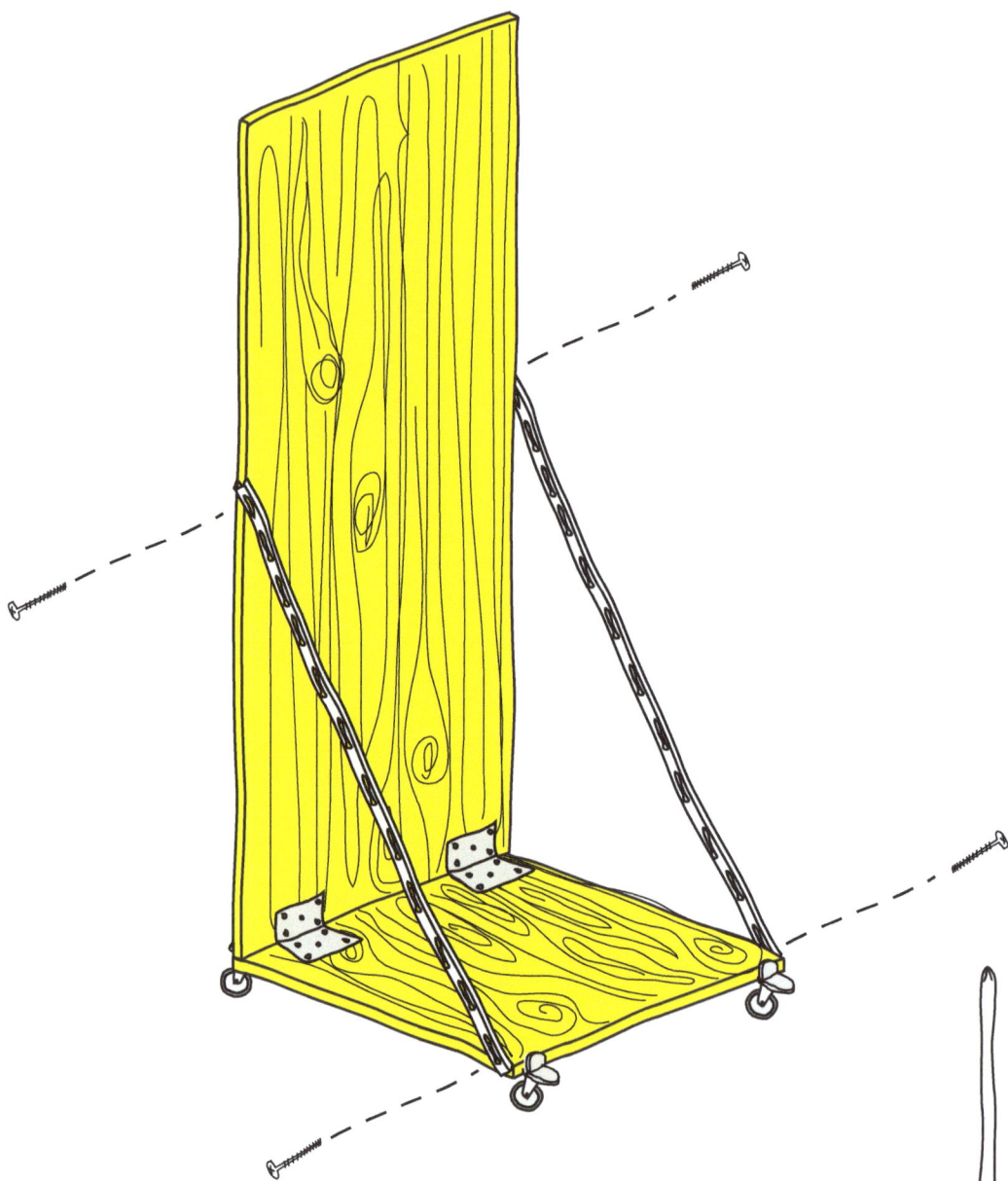

Н Возьмите две шины АЛЬГОТ и зафиксируйте их, как показано на рисунке. Это завершит необходимую подготовку основания для ЭЛИООО #30 МОБИЛЬ и позволит системе быть достаточно стабильной, чтобы удерживать контейнеры с растениями.

42   4

4

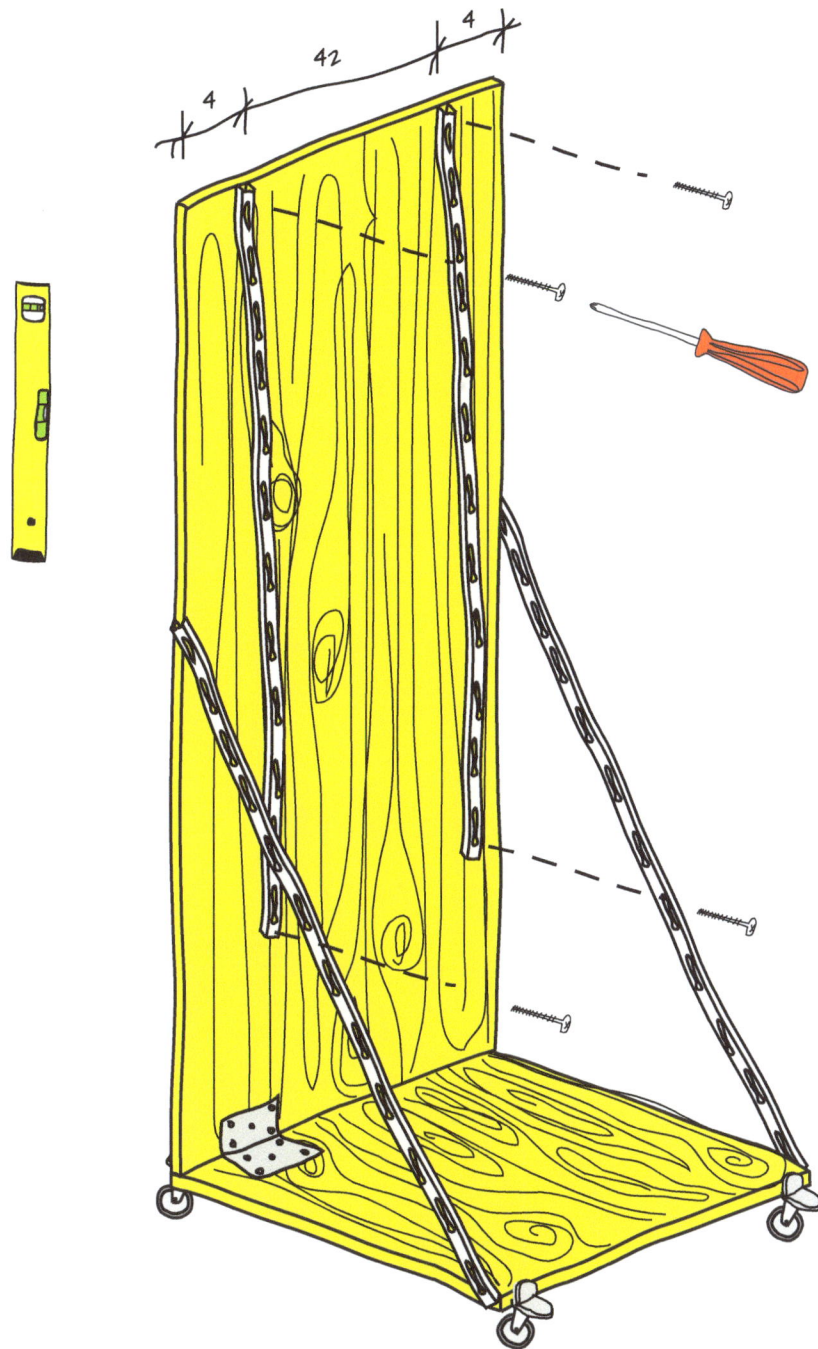

I   Зафиксируйте настенные шины АЛЬГОТ с помощью шурупов на
расстоянии 42 см друг от друга. Используйте уровень, чтобы
разместить шины ровно и параллельно по отношению друг к другу.

2 ПОДГОТОВКА КОНТЕЙНЕРОВ

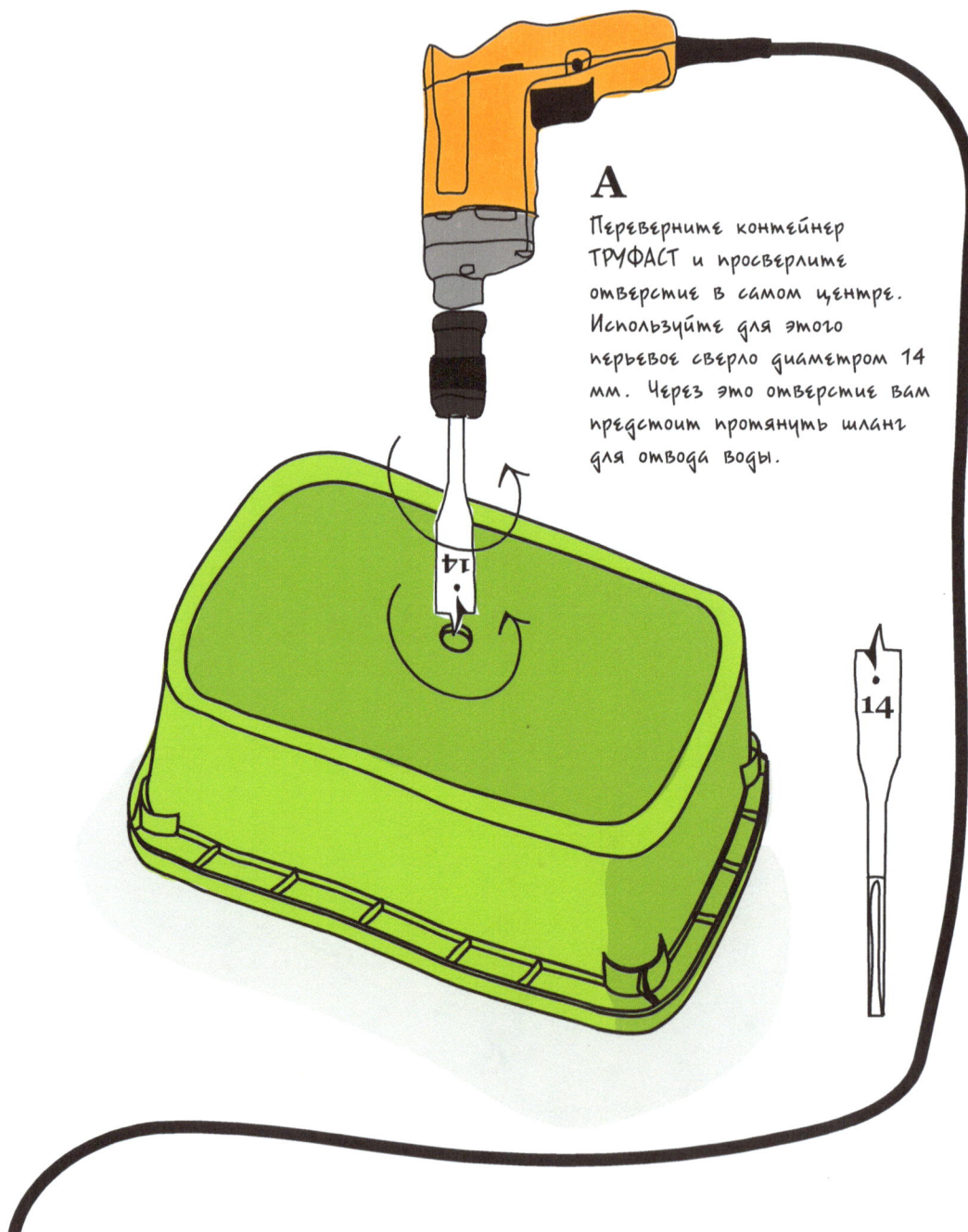

A

Переверните контейнер ТРУФАСТ и просверлите отверстие в самом центре. Используйте для этого перьевое сверло диаметром 14 мм. Через это отверстие вам предстоит протянуть шланг для отвода воды.

B

Карандашом сделайте восемь отметок на крышке ТРУФАСТ.

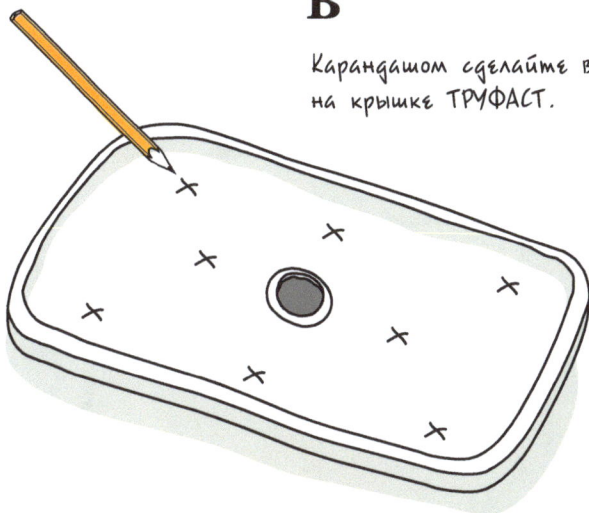

C

Здесь нужно просверлить отверстия диаметром 50 мм с помощью коронки соответствующего размера. Здесь будут установлены сетчатые горшочки.

Повторите эту операцию со всеми крышками ТРУФАСТ. Эта система предполагает четыре таких крышки, но вы можете использовать и больше!

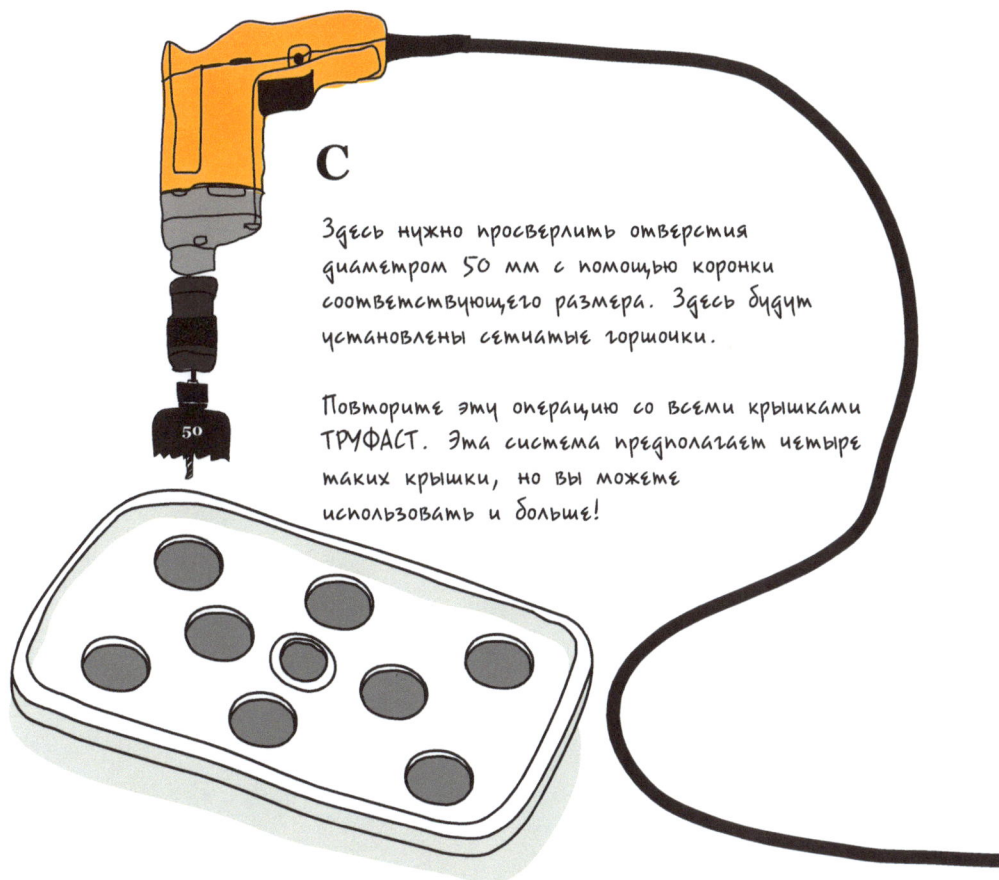

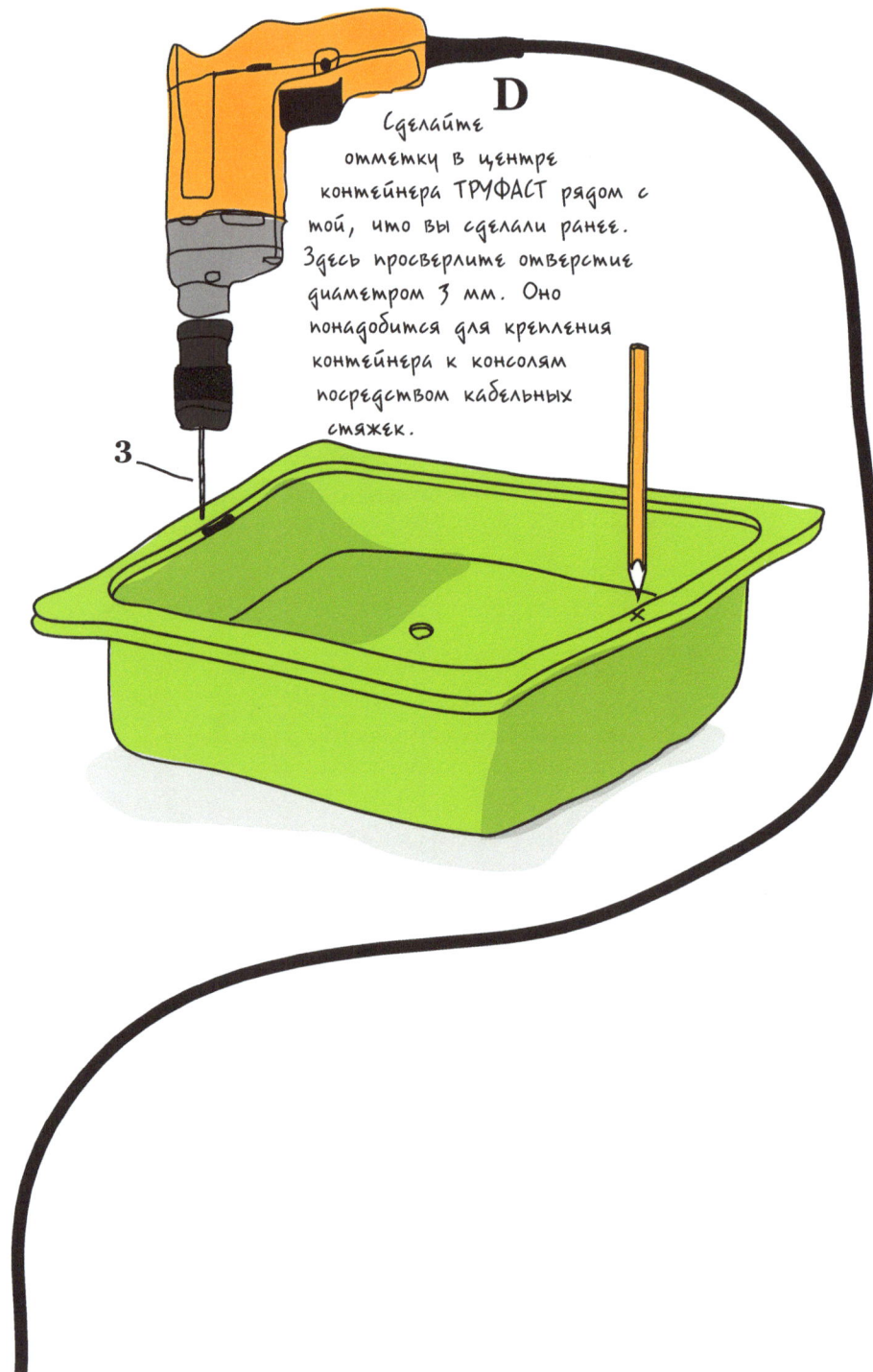

D

Сделайте отметку в центре контейнера ТРУФАСТ рядом с той, что вы сделали ранее. Здесь просверлите отверстие диаметром 3 мм. Оно понадобится для крепления контейнера к консолям посредством кабельных стяжек.

3

КОНТЕЙНЕР ДЛЯ ХРАНЕНИЯ ТРУФАСТ

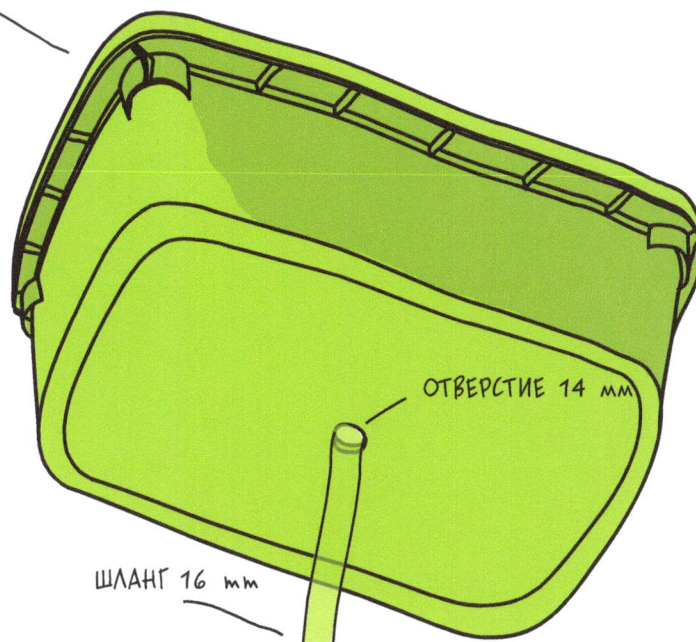

ОТВЕРСТИЕ 14 мм

ШЛАНГ 16 mm

E

Проденьте шланг через отверстие, сделанное с помощью перьевого сверла. Отверстие имеет диаметр 14 мм, а труба — 16 мм. Эта разница в диаметрах позволит создать давление, необходимое для предотвращения утечки. Вы можете использовать жидкость для мытья посуды, чтобы облегчить продевание шланга. Этот процесс несколько утомителен, но он работает. Повторите операцию с остальными тремя контейнерами системы.

Шланг должен выходить из основания контейнера ТРУФАСТ вовнутрь не больше, чем на 2–3 см. Таким образом, вы сможете регулировать уровень жидкости в контейнере.
С технической точки зрения вам не нужен сильный напор воды. Небольшой струи будет достаточно.

3 УСТАНОВКА КОНТЕЙНЕРОВ

Эти шаги уже встречались нам ранее в процессе установки системы ЭЛИООО #30. Однако, не будет лишним их повторить.

А

Когда настенные шины АЛЬГОТ закреплены, вы можете начинать установку консолей: два в верхней части, два посередине и два в нижней части. Пока они нестабильны, но всему свое время...

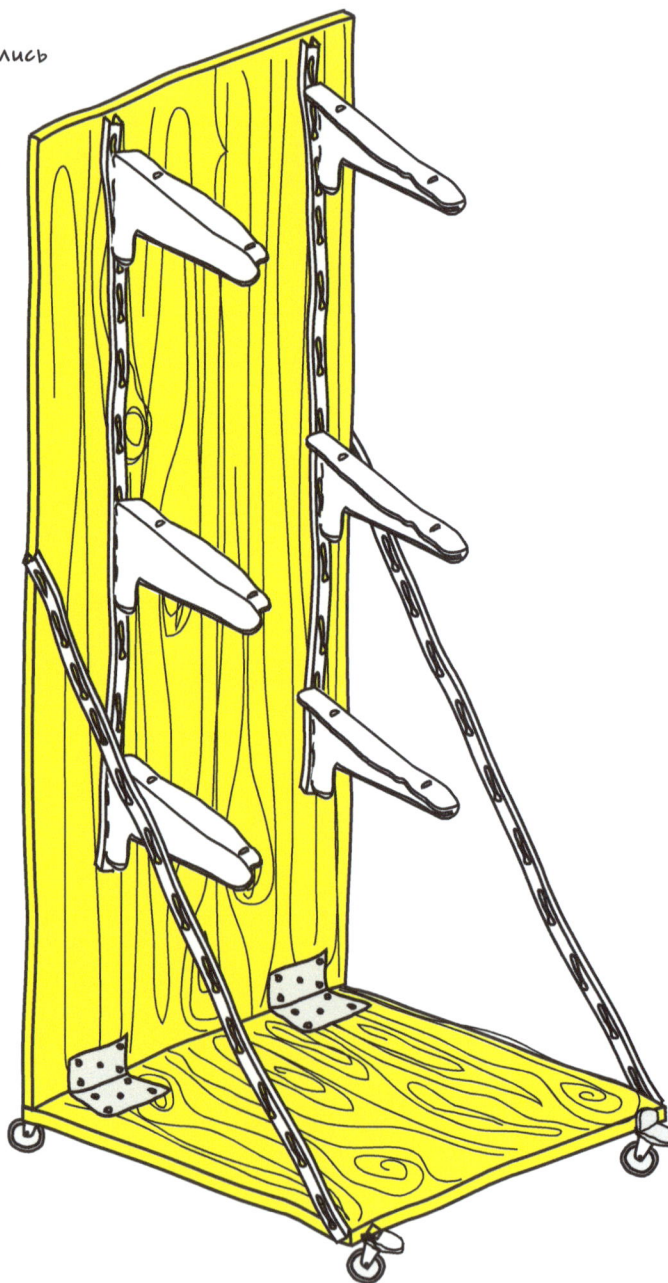

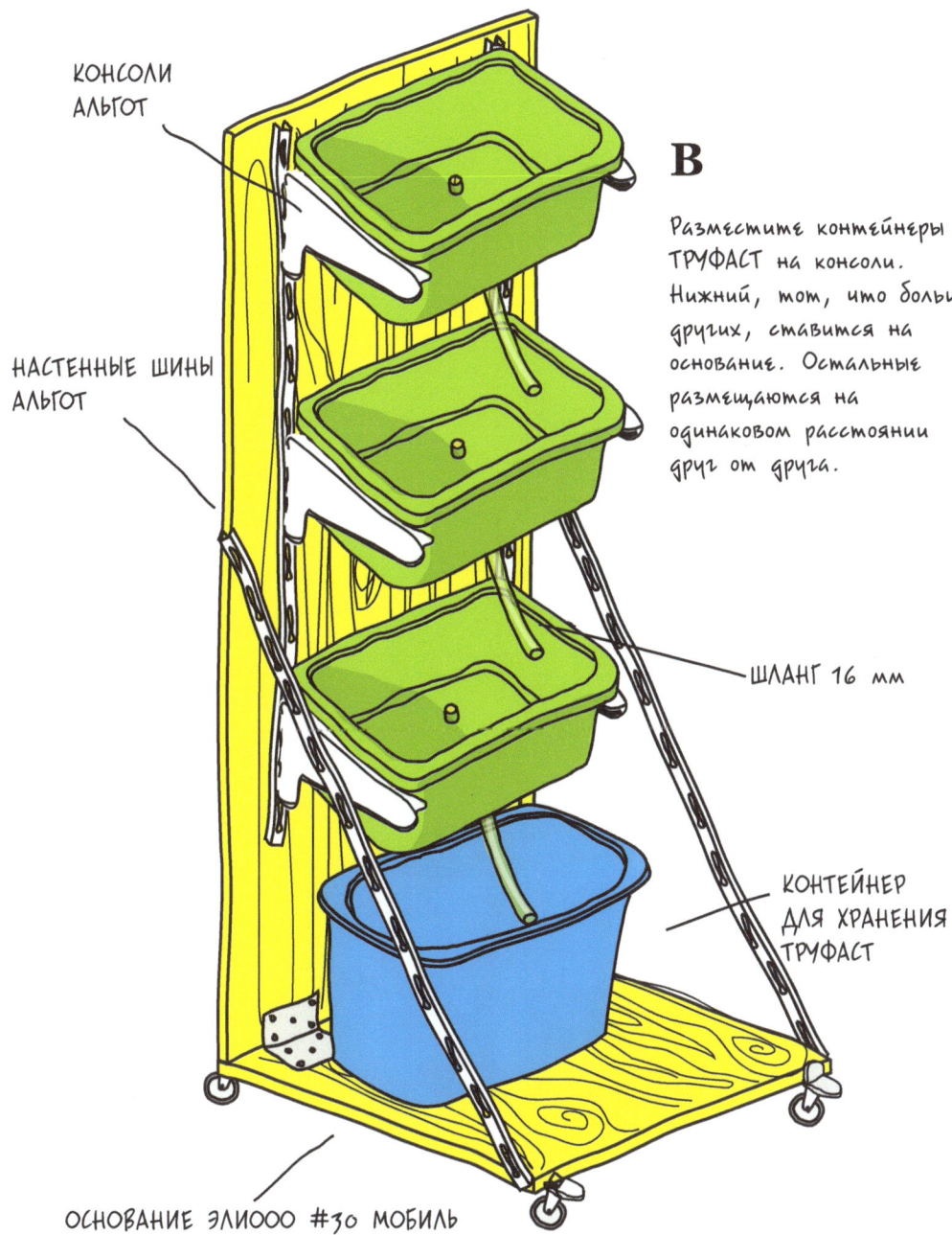

КОНСОЛИ
АЛЬГОТ

НАСТЕННЫЕ ШИНЫ
АЛЬГОТ

ОСНОВАНИЕ ЭЛИООО #30 МОБИЛЬ

B

Разместите контейнеры
ТРУФАСТ на консоли.
Нижний, тот, что больше
других, ставится на
основание. Остальные
размещаются на
одинаковом расстоянии
друг от друга.

ШЛАНГ 16 мм

КОНТЕЙНЕР
ДЛЯ ХРАНЕНИЯ
ТРУФАСТ

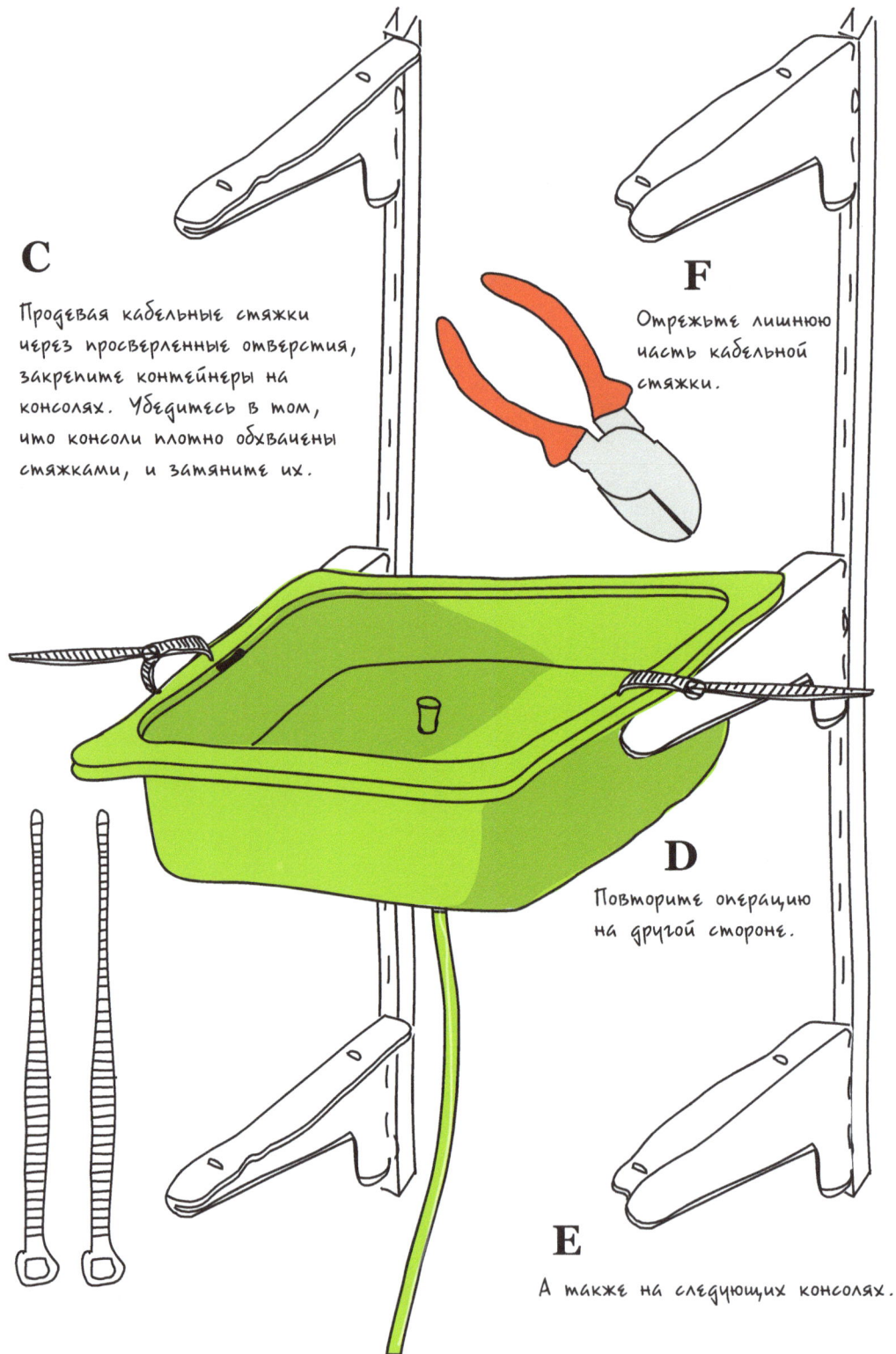

C

Продевая кабельные стяжки
через просверленные отверстия,
закрепите контейнеры на
консолях. Убедитесь в том,
что консоли плотно обхвачены
стяжками, и затяните их.

F

Отрежьте лишнюю
часть кабельной
стяжки.

D

Повторите операцию
на другой стороне.

E

А также на следующих консолях.

4 ПРТ
Помпы, растения и трубы

ТРУФАСТ
КОНТЕЙНЕР
ДЛЯ ХРАНЕНИЯ

ПОТОК ВОДЫ

A

Установите
водяную и воздушную
помпы.

B

Убедитесь в том, что
шланг, подсоединенный
к помпе, идёт напрямую
в самый верхний
контейнер.

ШЛАНГ 16 мм

C

Пересадите
растения в
сетчатые
горшочки.

D

Заполните
нижний контейнер
водой на три
четверти. При
необходимости
вы сможете
добавить воду
позднее...

E

Включите помпу!

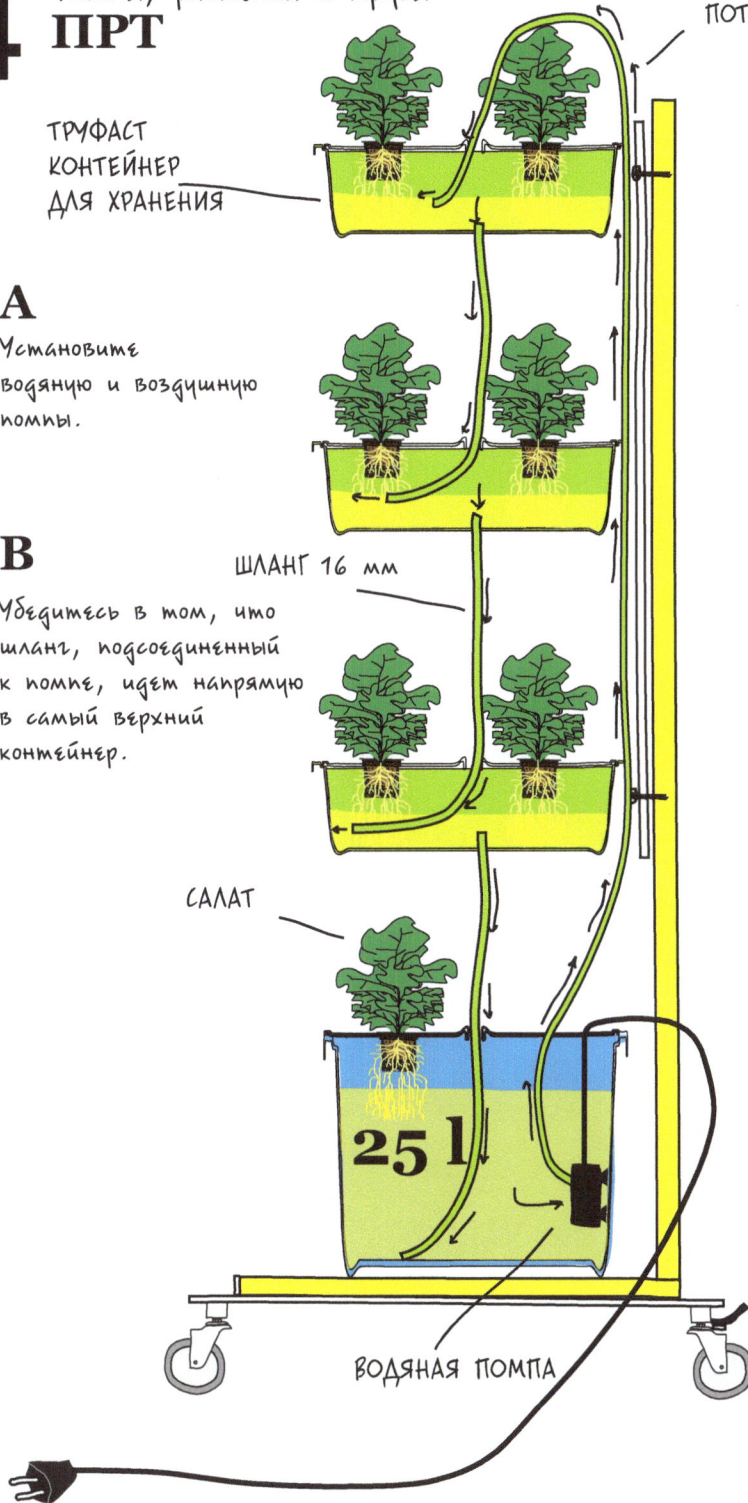

САЛАТ

25 l

ВОДЯНАЯ ПОМПА

5 УСТАНОВКА ГОРШОЧКОВ

В центральное отверстие проденьте шланг. Его будет просто вынуть, когда придет время вымыть контейнер или собрать урожай.

Все остальные технические части системы, включая шланг с водой, могут быть продеты через это отверстие для сетчатого горшочка в контейнере ТРУФАСТ, используемом как цистерна.

На этой стадии можно разместить сетчатые горшочки в контейнеры. Им не нужно пребывать в прямом контакте с водой. Намного лучше, если корни будут сами тянуться к жидкости.

ЭЛИООО #30
Мобиль Off Grid

Существует множество различных солнечных батарей, которые можно подсоединить к помпе. Это позволит вам использовать систему «off grid», вне сети. Я не стану здесь советовать конкретные модели фотоэлектрических панелей, потому что эта индустрия развивается стремительно. Такие батареи могут быть зафиксированы в верхней части ЭЛИООО #30 или же установлены рядом с целью получить максимум солнечного света.

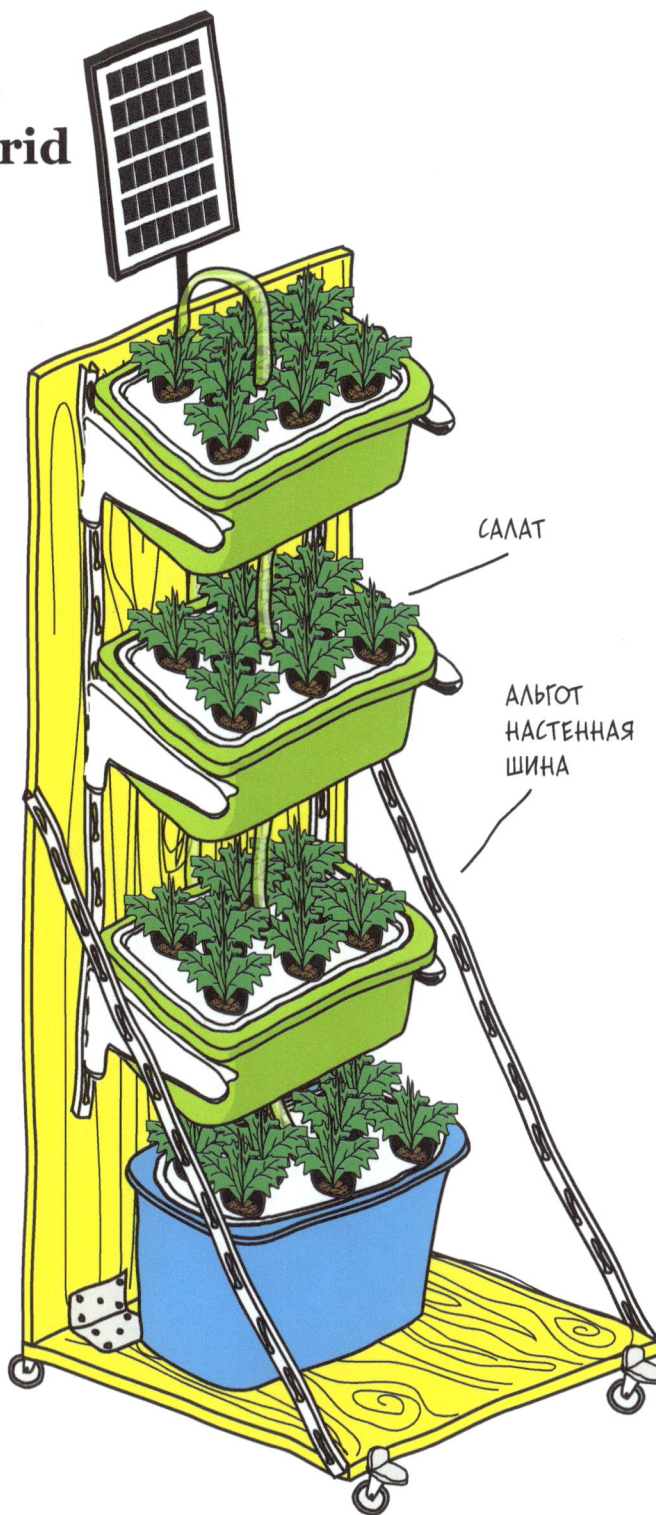

САЛАТ

АЛЬГОТ НАСТЕННАЯ ШИНА

ЭТО ЭЛИООО #30 Мобиль

и в ней можно выращивать помидоры

ВОТ, КАК ЭТО ДЕЛАТЬ:

A Зафиксируйте настенные шины АЛЬГОТ на задней стороне доски ЭЛИООО. Убедитесь в том, что шины установлены ровно, на расстоянии 42 см друг от друга.

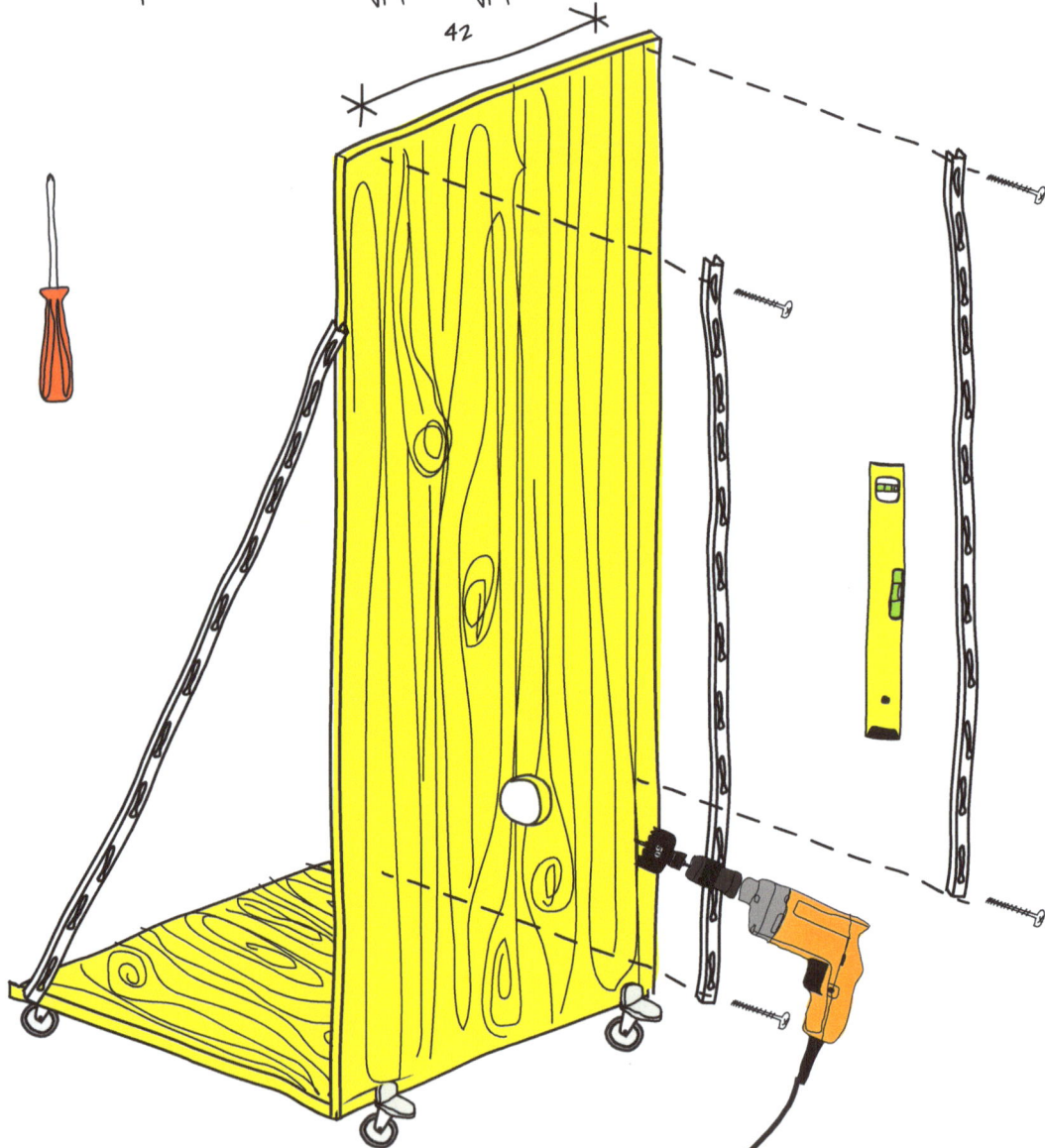

42

B Просверлите в доске отверстие диаметром 50 мм с помощью соответствующей коронки.

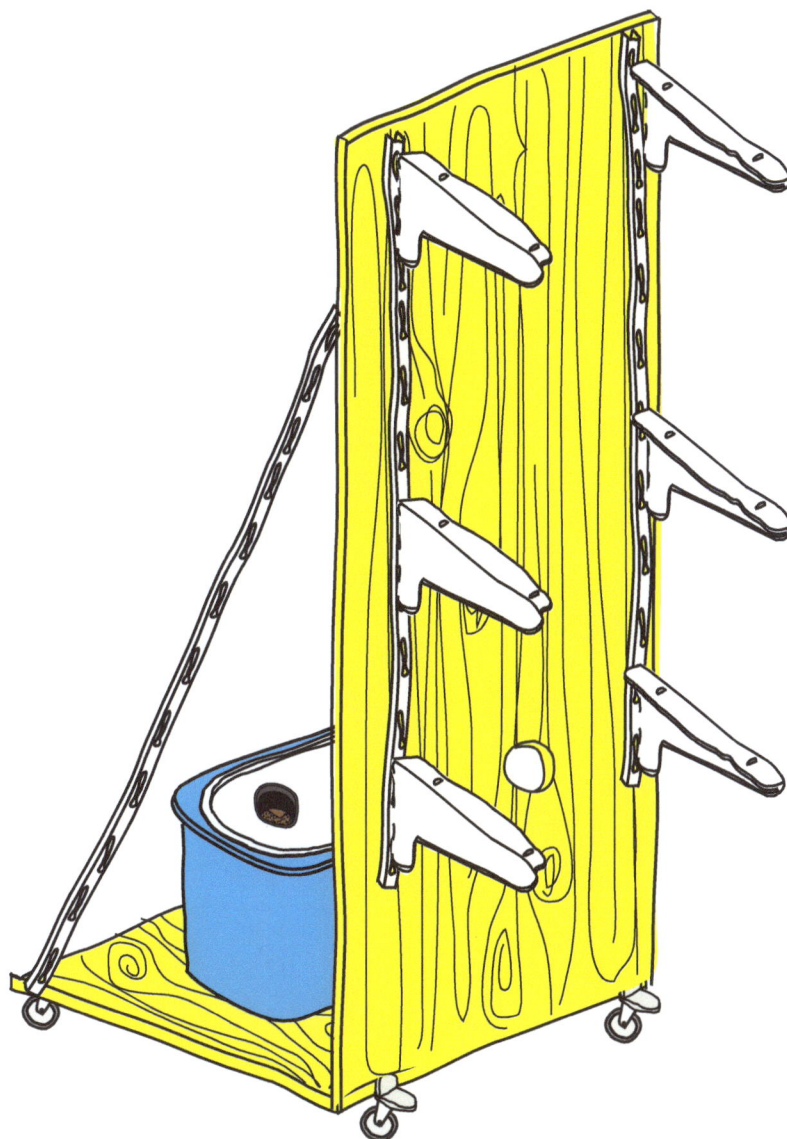

C   Установите консоли и разместите контейнер для выращивания томатов на обратной стороне системы, сохранив таким образом баланс.

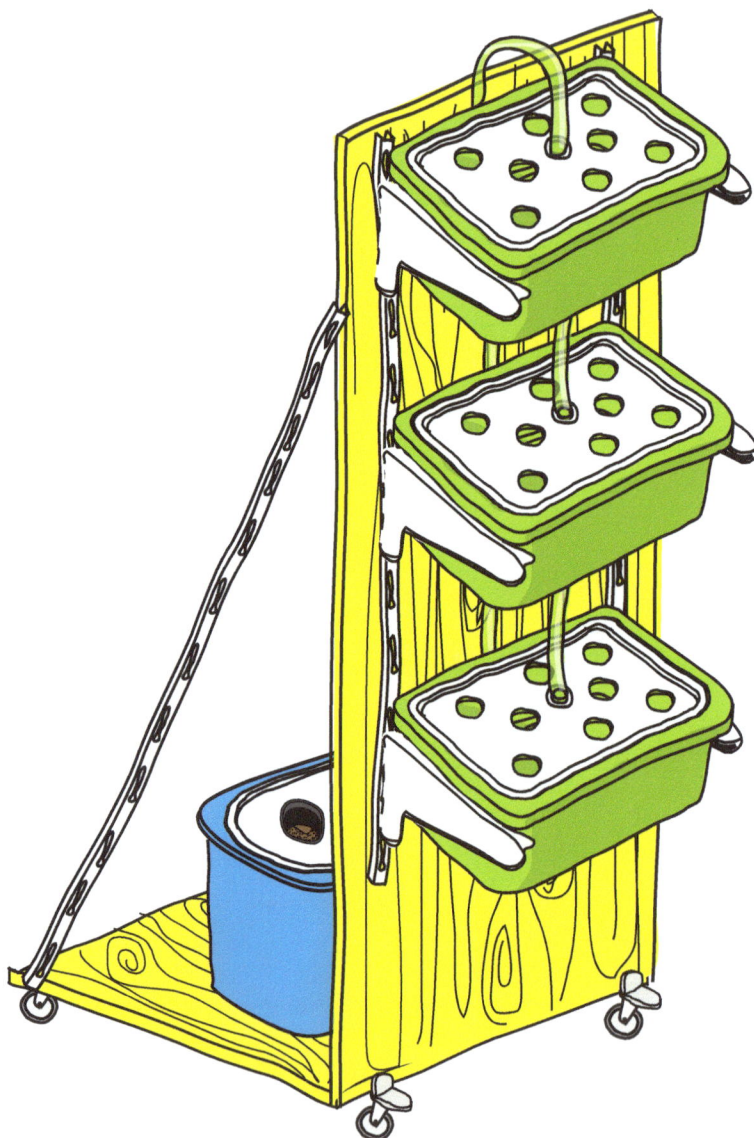

D Зафиксируйте контейнеры на консолях, используя кабельные стяжки, как это было продемонстрированно на этапах «Б», «В», «Г», «Д» главы 5 в разделе ЭЛИООО #30 Мобиль.

Е

Томаты могут расти вверх, а могут быть и привчены к шпалере, установленной на вертикальной доске. Обратите внимание на то, что для полноценного роста томаты нуждаются в большем пространстве, чем пряные травы. Убедитесь в том, что им хватает места.

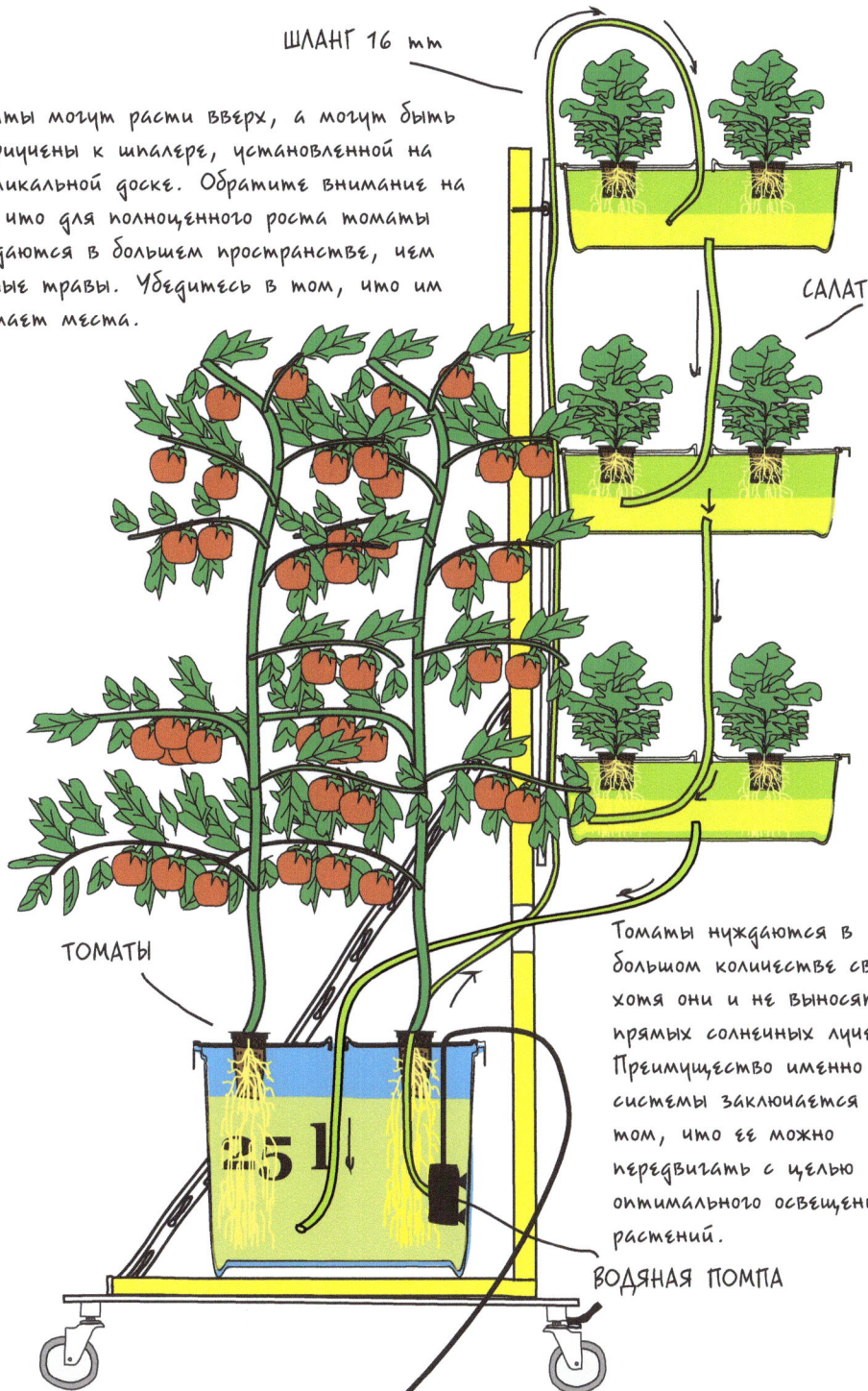

ШЛАНГ 16 mm

САЛАТ

ТОМАТЫ

25 1

Томаты нуждаются в большом количестве света, хотя они и не выносят прямых солнечных лучей. Преимущество именно этой системы заключается в том, что её можно передвигать с целью оптимального освещения растений.

ВОДЯНАЯ ПОМПА

ПОСЛЕСЛОВИЕ

Когда эта книга находилась в стадии разработки, у меня было намерение включить в нее несколько эссе других авторов. В то время мне казалось важным представить эту работу в контексте дискурса о задачах современного дизайна. Я попросил моих друзей, Эмбер Хикей, Тайдо фон Оппельн и Стефано Мирти, играющих большую роль как в моей жизни, так и в жизни этой книги, написать пару страниц, об этом проекте. Долгое время я намеревался включить их истории в эту книгу, но в финале я решил оставить лишь одно короткое эссе. Возможно, остальные войдут в дополненное издание в будущем. Я решил, что эта книга не совсем верное место для такого проекта. Эта книга — о системе ЭЛИOOO, и она должна заявить о себе своим собственным голосом.

Единственное эссе, представленное здесь, написано Адрианом Нотц, директором «Кабаре Вольтер», этого маленького, но очень важного института, места зарождения дадаизма. В какой-то мере именно Адриан несет ответственность за начало этого проекта. Именно он пригласил меня высказаться на тему «Революция с целью уничтожения мирового капитализма» с помощью выставки. Никому не было известно, что из этого выйдет. У него хватило смелости предложить мне это. Как директору художественного учреждения, в последнее время ему приходится много думать о менеджменте. Он сказал, что ему хотелось бы написать об управлении арт-проектом. И я подумал: «Да, это именно то, что нам нужно: дада-менеджеры!»

Мы вместе думали о названии для этого эссе. Мне приглянулась мысль использовать образ ладони для того, чтобы что-либо высказать, поэтому я позаимствовал это, так сказать, приспособление для иллюстрации пяти задач дизайна при работе с гидропоникой.

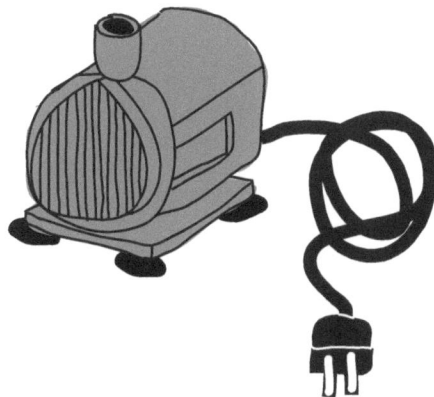

Метод пощечины в менеджменте. Записки для манифеста.

Адриан Ноти

Примерно в то время, когда Антонио Скарпони начал работу над проектом Readykea, предшественником ЭЛИООО, для выставки «DADA Нью-Йорк II: Революция с целью уничтожения мирового капитализма» в «Кабаре Вольтер», я начал коучинг-курс по менеджменту в Санкт-Галлене. Здесь я изучаю всевозможные модели и схемы управления, а также пути решения различных задач менеджмента. Можно сказать, что я изучаю концептуальные устройства менеджмента. Вообще, выражаясь словами Антонио, все можно представить в виде концептуального устройства. В особенности это верно по отношению к идейным составляющим менеджмента. Эту модель можно использовать в самых разных целях, даже для понимания мироустройства.

В течение курса я научился тому, что мечта тоже может быть преобразована в концептуальное устройство. Меня научили, что мечта – словно Полярная звезда, указывающая путь морякам. Моряки всегда понимают, что им никогда не достать до самой звезды. Именно так и мир менеджмента воспринимает суть мечты: очень важно мечтать, но не стоит думать, что вам удастся достичь этого видения. Если вы его достигли, то это и не мечта вовсе, а цель. Но прежде чем вы что-либо начнете делать, вам просто необходима мечта.

Что касается ЭЛИООО, то здесь задача очевидна: из продукции ИКЕА построить приспособление, позволяющее выращивать продукты питания у себя в квартире. Конечно, мечта тут заключается в том, чтобы каждый смог производить свои собственные продукты прямо на месте их потребления, делая, таким образом, свой личный вклад в поддержку экологии. Можно сказать еще проще: каждый может делать что-то полезное для самого себя, одновременно помогая планете. Когда есть мечта, тогда можно определиться и с целью.

Для того чтобы определить и описать цель, я предлагаю очень практичный способ из пяти шагов, применимый к созданию какого бы то ни было концептуального устройства. Как и все модели и инструкции, этот способ должен быть простым и быть легко продемонстрирован на пяти пальцах. Однако, у этого метода еще нет официального имени. «Способ описывания цели на пяти пальцах» звучит как-то нехорошо, поэтому воспользуюсь названием, предложенным самим Антонио: «Метод пощечины в менеджменте». Посредством этого метода вы сможете легко расместить в пять категорий весь информационный материал, что есть у вас в наличии. Также «Метод пощечины» позволяет переносить идеи и задачи на любой контекст. Это способ придать информации форму, взять ее в свои руки, ощутить физически, сделать информацию такой же осязаемой и реальной, как пощечина. Я попробую приложить «Метод пощечины» к проекту Антонио ЭЛИООО и заодно представлю мой собственный анализ этого проекта.

Большой палец
Начну с большого пальца. Только с его помощью можно надежно захватить и удержать в руке вещь. В «Методе пощечины» большой палец олицетворяет основание и контекст проекта. Основание и контекст заключаются в анализе начальной ситуации и потенциала. Как только вы овладеете достаточным пониманием основания и контекста, вы

проанализируете его сильные и слабые стороны, а также возможности и риски, которые предполагают обстоятельства. Рассматривая проект ЭЛИООО, можно сказать, что его достоинства заключаются в том, что его легко соорудить, а необходимые материалы стоят недорого и доступны практически по всему миру. Недостатки проекта: вам все-таки придется выехать за город, чтобы купить все необходимое в ИКЕА; возможно, система не выглядит достаточно элегантной. Тот факт, что мы с вами живем во времена глобальной экологической осознанности, дает необходимые возможности к существованию ЭЛИООО. Становится модным заниматься охраной окружающей среды. Такая осознанность носит уже вполне мейнстримовый характер. В этом смысле использование предметов ИКЕА тоже может считаться возможностью. Что касается рисков, то сложно определить такие риски проекта ЭЛИООО, каким не был бы подвержен и весь мир.

Указательный палец

Перехожу к указательному пальцу. Обычно вы используете его с целью направлять внимание на что-либо. В нашей модели, этот палец представляет цель проекта. Я думаю, что цель ЭЛИООО заключается в привлечении максимального числа людей и демонстрировании им, насколько просто вырастить продукты питания у себя дома и не беспокоиться о поливе растений, что предполагает гидропоника. Анализ контекста также может показать насколько реальна эта цель. При том, что эту систему не так сложно сделать своими руками и она предполагает использование предметов ИКЕА, цель кажется мне вполне реалистичной.

Средний палец

Средний палец, который также часто именуется как «fuck you», олицетворяет стратегическое развитие. Именно такое бронебойное отношение к делу и определяет путь достижения цели. Этот палец символизирует мастер-план, включающий в себя программу, участников, финансовые затраты, организацию и продукты, которые необходимы для достижения цели. Проект ЭЛИООО питает надежду достичь цель посредством концептуального устройства – инструкции к применению, представленной в качестве продукта. На уровне продукта мастер-план очевиден: вам не потребуется много времени для того, чтобы сделать ЭЛИООО; вы можете соорудить систему в одиночку; затраты не так велики; вам потребуется лишь минимальная организованность. Одним словом, все просто.

Безымянный палец

После того, как вы определитесь со стратегией, вам станет ясен сам проект. Реализацию проекта олицетворяет собой безымянный палец. На этот палец обычно надевается обручальное кольцо, поэтому я использую именно его для выражения зарождения чего-то нового. На этой стадии все становится серьезным и обязывающим. Когда вы начнете работать над проектом, вам придется тратить деньги, передвигать предметы, указывать другим людям, что делать, и так далее. Вы начнете создавать! Для этого проекта, были созданы первые системы ЭЛИООО и была напечатана книга, которую вы сейчас читаете.

Мизинец

Остался один только палец – мизинец. Он не носит никакой функции, но его размер указывает на присутствие вопроса в общем деле. В моем методе мизинец олицетворяет систему мониторинга. Функция такой системы – убедиться в том, что вы все еще следуете стратегии. Это также позволяет вам учиться на своих ошибках. Это момент фидбэка, обратной связи с целью выяснить, какого результата вы на самом деле достигли. Как и мизинец на вашей руке, этот этап кажется не таким уж и значительным, но хорошо иметь и его. Мизинец частенько касается большого пальца, а еще он достает туда, куда остальные пальцы достать не могут.

Проект ЭЛИООО стал возможным благодаря краудфандинг-кампании. ИКЕА вступила в сотрудничество для создания этой книги. Идеи, изложенные на ее страницах, будут воплощены в реальность каждым деятельным читателем и сделают из него строителя, человека-производство. Объединившись, такие люди создадут «crowd factory», коллективную фабрику осознанных решений. ЭЛИООО станет реализацией концептуального устройства, предполагающего изменение парадигмы и дающего другим людям силы выращивать свои собственные продукты питания, воплощать свои собственные идеи в жизнь.

На пяти пальцах я объяснил то, как проект ЭЛИООО был реализован. И чем реальнее он становится, тем реальнее его воздействие. Вот вам и пощечина!

Адриан Нотц (родился в 1977 году в Цюрихе) изучал искусство в Бременском художественном университете (HfK) и теорию искусства в Цюрихском университете изобразительных искусств (ZHdK). С 2004-го по 2006 год он являлся куратором, с 2006-го – содиректором и с 2012-го – директором «Кабаре Вольтер». С 2010 он также является деканом факультета изящных искусств в школе визуальных искусств Санкт-Галлена.

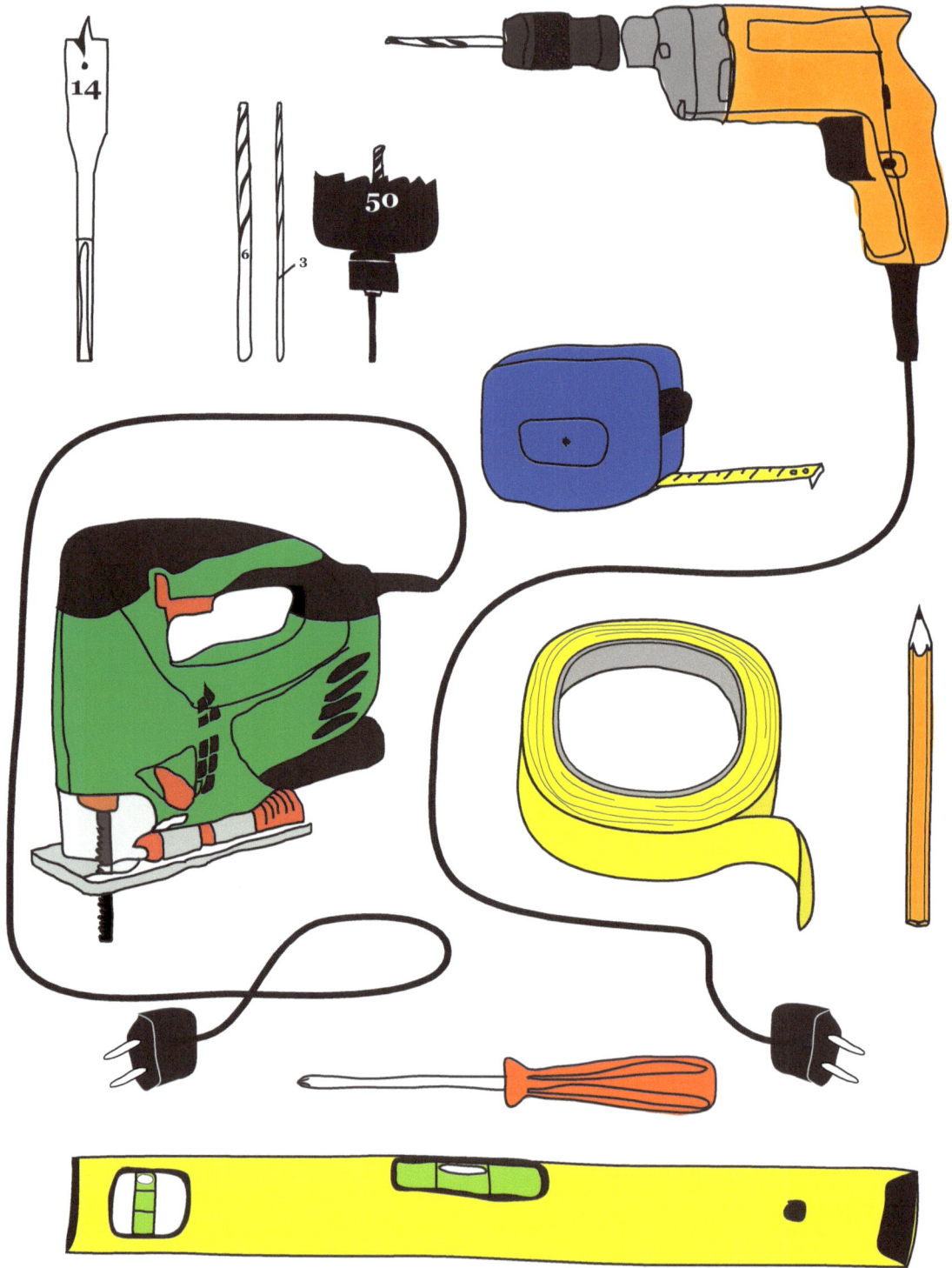

www.ingramcontent.com/pod-product-compliance
Lightning Source LLC
Chambersburg PA
CBHW060814270326
41929CB00003B/31